KB271606

당신은 전도하는 제자입니까? 2

당신은 전도하는 제자입니까? 2

지은이 김학중
펴낸이 안용백
펴낸곳 (주)도서출판 넥서스

초판 1쇄 발행 2010년 2월 10일
초판 2쇄 발행 2010년 2월 15일

출판신고 1992년 4월 3일 제311-2002-2호
121-840 서울시 마포구 서교동 394-2
Tel (02)330-5500 Fax (02)330-5555
ISBN 978-89-6000-766-6 03230
      978-89-6000-764-2 (세트)

www.nexusbook.com
넥서스CROSS는 (주)도서출판 넥서스의 기독 브랜드입니다.

| 참 제자로 거듭나는 DMT 전도훈련 |

당신은 전도하는 제자입니까?

2

김학중 지음

넥서스CROSS

제자가 되는 것은 '나'를 버리고 '하나님' 중심의 생각과 행동으로 변화할 때 가능합니다. 그러므로 예수님의 제자가 되는 길은 결코 쉽지 않습니다. **진정한 예수님의 제자가 되기 위해서는 '하나님의 긍휼하신 마음'을 알고 직접 체험해야 합니다.** 그럴 때 어디에서든지, 누구에게라도 자신감을 갖고 담대하게 전도할 수 있습니다.

제자로서의 삶을 살아가려면 구체적인 신앙 체험을 통해 뜨거운 전도의 동기를 가져야 합니다. 바로 이러한 목적에 부합한 전도제자훈련 교재가 출간된 것을 진심으로 축하합니다.

●●● 여의도순복음교회 원로목사 **조용기**

오늘의 꿈의교회를 이루기까지 16년간의 전도 노하우가 고스란히 녹아 있는 교재입니다. 그렇기 때문에 어느 교회라도 현장에서 즉시 활용할 수 있다는 것이 장점입니다. 특히 시시각각으로 변하는 전도 대상층과 환경에 대한 성경적 연구와 적용이 돋보입니다. **이 교재를 활용하다 보면 전도에 따른 두려움을 극복하고, 전도가 쉽다는 말을 하게 될 것이라 확신합니다.**

전도제자훈련을 통해 영혼 구원에 대한 열정이 일어남으로 '만민에게 복음을 전하라'는 예수님의 명령을 실천하고, 한국 교회 재성장의 소중한 토대가 되기를 간절히 바랍니다.

●●●극동방송 이사장, 수원중앙침례교회 원로목사 김장환

초대교회로부터 지금까지 교회는 생명을 살리는 공동체입니다. 그러나 전도하지 않는 교회는 생명력을 잃어갈 뿐만 아니라 미래도 없습니다. 교회의 미래는 전도에 있는 것입니다.

많은 성도가 전도하기를 원하지만 방법을 몰라 고민하는 모습을 봅니다. 또한 훈련되지 않은 방법으로 인해 오히려 이웃과의 관계가 틀어지고 어려움을 겪는 모습도 보게 됩니다. **전도를 위해서는 사랑과 열정이 매우 중요하지만 그에 못지않게 방법도 중요합니다.**

전도는 전도에서 끝나지 않습니다. 사람을 변화시키고 교회를 변화시키며 더 나아가 세상을 변화시킵니다. 이 훈련을 통해 개인과 교회가 변화하고 전도에 대한 새로운 비전이 세워지기를 기대합니다.

●●●광림교회 감독 김선도

현대적이면서도 본질에 충실한 전도제자훈련 교재입니다. 이 책은 재미있고 지루하지 않으면서도 전도의 본질을 놓치지 않습니다. 이 훈련을 통과하는 6개월 후 누구든 아주 능숙한 생활 전도자가 될 것입니다. 성경적으로, 제자는 사람 낚는 어부여야 합니다. 그래서 모든 성경적 제자훈련은 이와 같은 전도의 비전을 놓치지 말아야 합니다. 전도제자훈련은 이런 본질적 요구와 비전을 잘 조화시키고 있습니다.

이 훈련을 통해 **한국 교회가 다시 한 번 전도의 비전을 붙잡고 일어서는 것을 보고 싶습니다. 삶의 모든 현장을 전도 현장으로 활용하는 역동성을 보고 싶습니다.** 평양대부흥도 이러한 전도의 부담과 함께 시작되었음을 잊지 말아야 합니다. 교재를 손에 들고, 훈련에 참여하는 모든 교회와 성도에게 축복을 빕니다. 전도 공동체의 부흥만이 한국 교회의 유일한 희망입니다.

●●●지구촌교회 담임목사 **이동원**

전도에 대한 이론적·학문적인 연구는 지금도 계속되고 있습니다. 그러나 실천적인 면에서 취약한 것이 사실입니다. 그런 중에 이 교재는 이론

중심적인 전도 연구의 약점을 보완하여, 현대 교회에 맞게 구성되었습니다. 개인적이고 대중문화 중심적인 오늘날 사회에서 '전도'란 결코 쉽지 않은 일이기 때문입니다. **나의 눈높이가 아니라 상대방의 눈높이에서, 나의 관점이 아니라 하나님의 관점에서 전도해야 합니다.** 이 훈련을 통해 세상에 거룩한 영향력을 미치는 전도자들이 세워지기를 소망합니다.

●●● 연세대학교 연합신학대학원장 **정석환**

전도의 이론적 연구는 지금까지 이어져 왔지만 전도의 방법, 즉 실천적인 면에서는 아직도 미흡한 것이 사실입니다. 이 교재는 이론에 치우친 전도학을 현실화시키는 데 크게 기여할 것으로 보입니다.

체계화 된 전도 훈련서인 **이 교재를 통해 그리스도인들의 삶 속에 구체적인 전도 전략과 지침들이 자리 잡게 되리라고 확신합니다.** 교재의 지침에 따라 일단 전도를 시작해보십시오. 시간이 지날수록 전도에 대한 새로운 자신감을 갖게 될 것입니다.

●●● 장로회신학대학교 총장 **장영일**

전도의 원동력은 깊은 영성 수련에서 나오는데, 이 교재는 기도와 말씀 묵상을 아주 심도 있게 강조하고 있습니다. 그리고 전도자 스스로가 작은 예수로 성화(聖化)의 빛을 발해야 전도의 능력이 나타남도 강조하고 있습니다. 무엇보다도 전도자 스스로가 십자가 복음에 대한 분명한 확신과 구원의 확신을 가져야 함을 잘 지적해주고 있습니다.

또한 전도자 스스로가 예수님의 성육신적 자세로 섬기고 낮아지며 사랑을 실천해야 함도 훈련 과정 중에 잘 녹아 있습니다. 전도훈련을 통해 "세계는 나의 교구"라고 선포한 웨슬리와 같은 그리스도인이 일어나, 큰 전도의 불길이 붙을 것이라 확신합니다.

●●● 감리교신학대학교 총장 **김홍기**

영혼 구원은 하나님의 명령입니다. 그리스도인이라면 누구나 감당해야 할 사명입니다. 그러나 그것이 그리스도인의 의무라는 사실을 알면서도 전도하기를 망설이는 것이 현실입니다. **이처럼 전도하기를 망설이는 그리스도인들에게 이 교재가 내외적으로 전도의 자신감을 부여해줄 것이라 생각합니다.**

전도훈련 과정을 순차적으로 훈련해나가다 보면 영혼 구원의 사명이 삶 자체로 정착하리라는 확신이 듭니다. 한국 교회의 많은 그리스도인이 이 교재를 접하게 되기를 소원합니다.

●●●서울신학대학교 총장 **목창균**

그동안 전도에 관한 많은 교재를 접해보았습니다. 그중에서도 이 교재는 '전도하는 제자'라는 그리스도인의 정체성에 근거하여 집필한 것이 특징입니다. **전도에 대한 동기 부여뿐 아니라 더 나아가 전도의 실천 및 심화 과정에서 전도의 실제를 다면적으로 다루고 있습니다.** 매주 진행되는 훈련을 통해 전도의 체득화와 생활화가 가능해질 것입니다. 매우 귀한 훈련의 도구라 생각하며, 한국의 모든 그리스도인에게 추천합니다.

●●●침례신학대학교 목회신학대학원장 **박영철**

1993년 목회를 시작했을 때에 저는 모든 면에 있어 초보였습니다. 신출내기 전도사의 신분으로 일명 교회 골목이라는 곳에서 시작된 개척 목회는 쉽지 않은 과정의 연속이었습니다. 제가 불우한 환경 속에서 희망의 끈을 놓지 않고 살아왔던 것처럼, 희망을 갖지 못하고 살아가는 사람들에게 희망의 메시지를 전하리라는 목회철학을 만든 것도 어찌 보면 높은 현실의 장벽 앞에서 도전하라고 하는 주님의 섭리였던 것 같습니다. 아무도 없는 교회 예배당에서 그토록 교인 한 사람을 갈구하고, 주님이 허락하신 한 영혼 한 영혼을 목양하면서 개척자의 자세로 목회하였습니다. 그때부터 제 별명은 '희망을 캐는 개척자'가 되었습니다.

하나님이 교회를 세우신 것은 이 땅의 사람들을 구원하고자 하심이기에, 어떻게든 영혼을 구원하고 살리는 일에 매진하리라는 다짐을 목회의 우선순위에 두고 있습니다. 또한 교회 전체가 영혼 구원을 향해 사역하는 시스템을 구축해왔습니다. "전도제자훈련(DMT코스)"은 꿈의 교회가 지금까지 현장에서 훈련하고 실행했던 노하우를 모아, 모든 교회의 부흥과 교인들의 '전도제자화'를 위하여 마련한 것입니다.

이 과정은 6년여의 기획과 준비 과정을 거쳐 2년간의 교회 임상을 통

해 완성되었으며, 교회의 올바른 정체성을 확립하고 그리스도의 제자
된 성도들의 사명의 정체성을 확립시켜주는 훈련입니다.

전도제자훈련 교재인 《당신은 전도하는 제자입니까?》는 주어진 매
뉴얼에 따라 누구나 쉽게 시도하고 진행할 수 있도록 구성했습니다. 그
러면서도 훈련생들이 제자의 영성과 전도자의 영성을 삶의 현장에서
깊이 체험하고, 하나님의 임재와 역사를 경험하도록 인도합니다.

이 교재가 주님의 꿈을 이루는 도구가 되길 원합니다. 이 땅에 있는
모든 교회의 꿈을 이루는 길이 되기를 소망합니다. 그리고 저 또한 '꿈
을 심어주고 열매 맺게 하는 꿈의 사람'으로 불리었으면 좋겠습니다.

이 책이 나오기까지 애써주신 꿈의교회의 여러 스태프들에게, 그동
안 믿고 따라와준 꿈의교회 성도들에게, 무엇보다도 꿈의교회 안에서
기적과 변화와 비전을 주시며 격려하시는 하나님 앞에 감사드립니다.

김학중 목사

차례

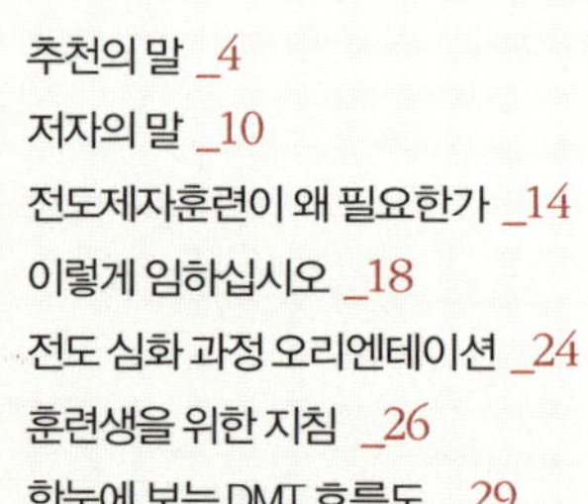

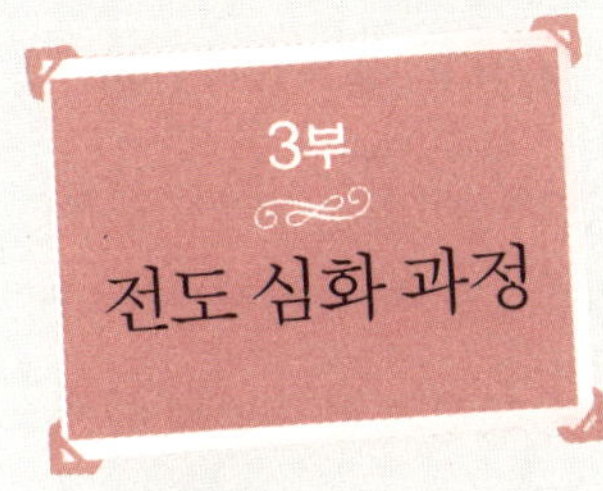
3부
전도 심화 과정

전도제자훈련이
왜 필요한가

제자훈련의 가장 기초가 되는 성경구절은 마태복음 28장 19~20절입니다. "그러므로 너희는 가서 모든 민족을 제자로 삼아 아버지와 아들과 성령의 이름으로 세례를 베풀고 내가 너희에게 분부한 모든 것을 가르쳐 지키게 하라 볼지어다 내가 세상 끝날까지 너희와 항상 함께 있으리라 하시니라."

이 구절의 초점은 바로 제자 만들기입니다. '스승을 닮은 표본'을 제자라고 볼 때 예수 그리스도의 가치관을 살펴보면 제자의 본질을 알 수 있습니다. 이 땅에 오신 예수님이 행하신 모든 일을 종합해보면 그분의 가치관은 한 단어로 '영혼 구원'이라고 할 수 있습니다. 그러므로 제자훈련이란 예수 그리스도의 핵심 가치관인 영혼 구원에 투철한 사람을 만들어내는 과정이라고 볼 수 있습니다. 제자를 만드는 훈련은 바로 영혼 구원의 훈련, 즉 전도 훈련입니다.

신약에서 '제자'라는 말은, 예수님을 구주로 고백하고 교회의 품으로 들어오는 모든 신자를 가리키는 명칭으로 사용됩니다. 그러므로 제자는 기본적으로 구원받은 사람들입니다. 그리고 구원받은 백성의 도리를 배워서 실천하는 사람들을 의미합니다. 다시 말해 제자란, 예수 그리스도를 삶의 목표로 받들며, 그분을 주인으로 모시고 그 가르침에 순종함으로 그리스도의 형상을 닮아가는 사람입니다. 제자는 지상명령에 순종하여 성령의 충만함을 힘입고 땅끝까지 복음을 전파함으로, 영혼 구원의 사명을 다해야 합니다.

창세기 1장 28절을 보면 "하나님이 그들에게 복을 주시며 하나님이 그들에게 이르시되 생육하고 번성하여 땅에 충만하라, 땅을 정복하라, 바다의 물고기와 하늘의 새와 땅에 움직이는 모든 생물을 다스리라"고 네 가지 명령을 하셨습니다.

'생육하라'는 말의 원문은 '재생산하라'는 뜻입니다. 재생산이란 의미는 이렇습니다. 하나님께서 아담과 하와는 직접 만드셨습니다. 그러나 그다음부터 자손을 낳고 번성하는 것은 우리 몫이라는 것입니다. 이것이 하나님의 원리입니다. 그래서 모든 자연 만물은 재생산의 원리를 가집니다. 채소가 채소를, 물고기가 물고기를 만들지 하나님께서 만드시지 않습니다. 스스로 재생산해서 충만하게 하라는 것입니다. 하나님의 원리에 따라 교회의 원리도 재생산입니다. 이 말은 새신자가 새신자로 남아 있어서는 안 된다는 뜻입니다. 그들이 양육과 훈련을 통해 전도하여 재생산할 수 있어야 한다는 것입니다.

또한 '번성하라'는 말은 '늘리다'라는 뜻으로, 승법으로 번식하라는 뜻입니다. 더하기 식이 아니라 곱하기 식으로 번식하는 것, 즉 둘이 넷이 되고, 넷이 여덟이 되고, 여덟이 열여섯이 되는 승법 번식입니다. 한 사람을 훈련시켜 전도할 수 있는 제자를 만들고 그가 또 한 사람을 전도해서 전도할 수 있는 제자로 훈련시키는 것이 '번성하라'는 말씀의 의미입니다. 그것이 하나님의 방법입니다. 열심 있는 전도대장 한 사람을 만드는 데 만족하는 것이 아니라, 기존 성도들이 한 사람씩 전도하는 제자를 양육한다면 놀라운 결과가 나타날 것입니다. 이 과정이 제자훈련입니다. 이것이 하나님 명령대로 번성하는 것입니다.

〈마가복음〉에서 예수님은 제자들을 부르신 목적을 '함께 있게 하고, 보내사 전도도 하며, 귀신을 내어쫓는 권세도 있게 하려 함'이라고 말씀하십니다. 성경에 나타난 예수님과 제자들의 사역과, 복음이 전달된 모든 과정을 제자훈련의 연속이라고 본다면, 예수 그리스도는 지상 생애 동안 영혼 구원에 초점을 두고 제자들을 훈련했음을 알 수 있습니다.

예수님이 "땅끝까지 이르러 내 증인이 되라"고 말씀하신 이후 교회의 역사는 전도의 역사였습니다. 전도를 통해 이 땅에 구원의 소식이 전파됐으며, 전도를 통해 교회사(敎會史)가 이어졌습니다. 앞으로도 이 땅의 교회는 전도를 통해 세상 끝까지 예수 그리스도를 증거하고 세상을 구원하는 위대한 사명을 감당하게 될 것입니다.

사고로 아들을 잃은 한 남자가 낙심한 마음으로 길을 걷고 있었습니다. 그런데 '예수 천당' 푯말을 든 한 전도자가 그 앞에 나타나 다짜고짜 예수를 믿으라고 소리칩니다. 그 남자는 조용히 지나가고 싶어, 전도자의 말을 무시하고 길을 걷습니다. 그런데도 전도자는 계속해서 "예수 천당 불신 지옥"을 외치며 그 사람을 쫓아갑니다.

"제가 너무 힘듭니다. 좀 비켜주세요."

"네 죄가 너를 힘들게 하는구나. 예수를 믿으라…."

참고 있던 그 사람은 화를 억누르지 못하고 전도자를 향해 고함을 지르고 맙니다. "나중에라도 내가 예수를 믿나 봐라!"

그렇습니다. 전도는 그냥 하는 것이 아닙니다. 대상에 대해 고려하지 않으면 낭패를 당하기 십상입니다. 예수님의 제자들이 수년간 훈련받아 '프로(professional) 전도인'이 되었듯이 우리도 훈련을 받아야 합니다.

체계화된 전도훈련을 받으십시오. 예수님이 바라셨던 제자훈련은 체계화된 전도훈련이었다고 볼 수 있습니다. 전도제자훈련(DMT코스)을 통해서 확실한 제자훈련을 받으시기 바랍니다.

이렇게 임하십시오

제자가 되기 위해 기도합시다

예수님은 공생애를 시작하기 전에 40일간 금식하며 기도하셨습니다(마 4:1~2). 하나님 나라를 위한 사역에 있어 기도가 우선되어야 하기 때문이었습니다. 그리고 예수님은 늘 새벽에 기도하셨습니다. "새벽 아직도 밝기 전에 예수께서 일어나 나가 한적한 곳으로 가사 거기서 기도하시더니"(막 1:35). 하루를 기도로 시작하신 것입니다.

기도의 습관이 예수님 사역의 원천이었습니다. 우리는 예수님을 닮고자 하는 제자입니다. 그렇기 때문에 예수님처럼 기도해야 합니다. 기도의 훈련이 필요합니다. 머리로 아는 제자가 아니라, 가슴으로 느끼는 제자가 되어야 합니다. 지적 훈련을 넘어서 영적 훈련이 되기 위하여 기도하십시오.

제자가 되기 위해 훈련합시다

1) 생각 훈련

사람의 모든 행동은 생각에서부터 시작합니다. 그런 의미에서 제자훈련은 생각 훈련에서부터 시작됩니다. DMT코스에서는 긍정적인 생각과 입체적인 생각(나를 넘어서 다른 사람의 관점에서 생각하는) 훈련을 합니다. 자신이 가지고 있는 고정관념과 편견을 깨고 하나님의 생각을 갖도록 훈련합니다. "내 생각이 너희의 생각과 다르며 내 길은 너희의 길과 다름이니라 … 이는 하늘이 땅보다 높음같이 내 길은 너희의 길보다 높으며 내 생각은 너희의 생각보다 높음이니라(사 55:8~9)." 그리고 다른 사람들의 이야기를 경청함으로써 생각의 폭이 확대되도록 합니다. 당신의 생각부터 달라질 것입니다.

2) 마음 훈련

DMT코스의 주된 내용 중 하나는 하나님의 마음을 갖는 것입니다. 예수님은 하나님 아버지의 마음을 가진 분이셨습니다. 예수님이 십자가를 지시기 전 겟세마네에서 기도하며 최종 결정을 내리신 것도 바로 하나님 아버지의 마음이 있었기 때문입니다. "그러나 나의 원대로 마시옵고 아버지의 원대로 하옵소서"(마 26:39). 이 마음을 품고 살아가도록 훈련해야 합니다. 예수님의 제자는 예수님의 마음을 품어야 합니다(빌 2:5). 감정을 다스리는 훈련을 통해 공동체 내에서 서로의 마음이 하나될 것입니다. 당신의 마음가짐이 달라질 것입니다.

3) 습관 훈련

총리로 있던 다니엘은 모함을 받아 사자굴 속에 던져지는 위기를 맞습니다. 그런 상황에서도 그는 과감히 기도할 수 있었습니다. 왜냐하면 다니엘에게는 기도의 습관이 있었기 때문입니다. "전에 하던 대로 하루 세 번씩 무릎을 꿇고 기도하며 그의 하나님께 감사하였더라"(단 6:10).

믿음의 습관으로 위기를 극복한 다니엘처럼, DMT코스를 통해 좋은 습관을 갖도록 훈련합니다. 실제로 습관은 반복을 통해 만들어집니다. 좋은 생각의 습관, 실천의 습관을 반복하면서 훈련이 이루어집니다. 성경을 읽는 습관, 성경을 묵상하는 습관, 하나님의 뜻을 묻고 기다리며 순종하는 습관, 전도하는 습관, 혼자가 아니라 함께하는 습관 등을 훈련합니다.

제자가 되기 위해 성실해지십시오

하나님은 사람의 중심을 보십니다(삼상 16:7). 드러난 형식보다 중요한 것은 꾸준함과 성실함입니다. 제자훈련의 성패는 달란트나 학업 성적에 있지 않고 성실함의 여부에 있습니다. 포기하지 않고 주어진 과제와 훈련 방식에 성실히 임하는 것이 가장 중요합니다.

1) 제자훈련을 위해 삶의 우선순위를 정하십시오.

사람들은 보통 급한 것을 먼저 처리하다가 중요한 것을 놓칠 때가 있습니다. 제자훈련이 당신의 시간과 사역에 우선순위가 되도록 조정해야 합니다. 제자훈련은 설사 급하지 않은 일일지라도 매우 중요한 일이기 때문입니다.

2) 과제를 통해 성장하기를 기대하십시오.

훈련 과제는 훈련생들을 괴롭히기 위한 방편이 아닙니다. 과제를 부담스럽게 여기지 않도록 합니다. 매 과에 나오는 훈련 과제를 충실하게 해나갈 때, 당신은 영적으로 크게 성장할 것입니다. 제자훈련을 통해 변모될 자신의 모습을 기대하십시오.

3) 교재에 잘 기록하십시오.

기록은 훈련의 흔적이 됩니다. 중요한 사항들을 메모할 수 있도록 여백을 준비해놓았으로 꼼꼼히 기록하십시오. 가능하다면 복습할 것을 권합니다.

4) 완주하는 사람이 성공하는 사람입니다.

훈련을 받다 보면 시험이나 유혹이 찾아옵니다. 생각지 못했던 환경의 변화가 생겨 포기하고 싶은 마음이 들기도 할 것입니다. 여러 가지 장애물과 도전에 슬기롭게 대처하는 것도 제자훈련의 한 부분입니다. 지혜롭게 극복하여 꼭 완주하십시오.

교재 구성에 대하여

1) 성경읽기

각 과의 주제 성경구절을 나타냅니다.

2) 생각 나누기

지난 주간의 실천 과제를 점검합니다. 과제 점검은 과제 수행 여부 확인과 그 내용을 함께 이야기하는 방식으로 진행합니다. 본론을 위한 도입 단계로서, 주제를 환기시키는 질문이나 활동 내용이 제시됩니다.

3) 본문

주제 성경구절을 중심으로 구성하되, 다양한 성경구절을 활용하여 과

의 주제를 심화하도록 하였습니다. 내용 설명과 질문, 빈칸에 답 적기,
표 작성하기, 예화 등의 형식으로 진행됩니다.

질문에는 성경을 읽고 답을 찾는 것과 훈련생의 생각과 의견을 묻고
함께 나누는 것 두 가지 유형이 있습니다. 이 질문들은 인식의 변화와
생활의 실천을 유도합니다.

5) 한 주간 실천하기

주별로 다음과 같이 실천 과제가 주어집니다.

• 주제 내용을 심화하여 실천할 수 있도록 하는 과제

• 각 과정별 미션 수행을 위한 과제

  제자 입문 과정: 전도 실행

  전도 실천 과정: 아웃리치 준비

  전도 심화 과정: 전도 클러스터 실행

• 개인 영성 심화를 위한 성경읽기 및 성경 묵상과 독서

전도 심화 과정 오리엔테이션

전도 심화 과정의 목적

예수님의 제자로서 하나님의 마음을 가지고 복음을 전하기로 결단한 이들이 전도의 지경을 넓히고, 실제적이고 구체적인 전도의 삶을 살아가도록 돕습니다. 전도 클러스터 실행을 통해 자기 주도적이고 실천적인 전도자가 되도록 합니다. '전도제자(전도하는 제자)'로서의 능력과 기술(방법)을 훈련하여 평생 전도제자로 살아갈 수 있도록 이끕니다.

훈련 운영에 관해

1) 훈련 진행 방식

강의: 전도 클러스터를 중심으로 한 이론적(성경적) 근거 및 전도 현장의 실제에 관한 강의

소그룹 모임: 전도 클러스터 실행을 서로 점검하고 격려한다.

실천 과제: 전도 협력 및 전도 실행 기획을 경험해본다.

2) 훈련 과제

바울 서신 묵상: 성경읽기표에 따라 〈에베소서〉, 〈빌립보서〉, 〈골로새서〉, 〈데살로니가후서〉, 〈디모데전·후서〉 순으로 묵상합니다.

전도 클러스터 실행, 훈련 수료 소감문 작성

전도 클러스터에 관해

목적: 시대에 맞도록 전도 방법의 패러다임을 바꾸어, 누구든지 전도할 수 있게 하며, 전도의 열매를 많은 사람과 나눌 수 있는 전도제자를 양성합니다.

유익: 다양한 전도 방법들을 알고 실행할 수 있게 되며, 자신의 장점과 달란트를 더욱 개발하여 전도에 활용할 수 있습니다. 그럼으로써 전도 리더가 될 수 있습니다.

주의 사항

① DMT코스의 꽃이 '아웃리치'라면, 열매는 '전도 클러스터'입니다. 꽃의 화려함과 특별함에 묻히지 말고, 주님이 기대하시는 열매를 맛보아야 합니다.

② 전도 클러스터의 실행이 아직 익숙하지 않더라도 주어진 과제를 성실히 완수하고 중도에 포기하지 말아야 합니다.

③ 조원들 간에 격려하며 책임감 있게 임해야 하며, 서로 돕고 지원하는 공동체를 이루어가야 합니다.

훈련생을 위한 지침

훈련 자세

1) 모임 시간을 잘 지킵니다. 시작과 끝을 함께하면서 공동체 훈련이 이루어지기 때문입니다.

2) 매주 과제를 점검하고 개인 삶을 나누면서 상호 보고하는 시간을 가집니다.

3) 졸업 기준

출석: 불가피하게 결석할 상황인 경우 이끄미에게 사전 보고함을 전제로 하여 학칙에 따라 졸업 기준을 지킵니다.

과제 수행: 매주 제공되는 실천 과제와 말씀 묵상, 독서 등의 과제를 성실히 수행합니다.

특별 과정: 전도 실습과 아웃리치 등에 꼭 참석하도록 합니다.

4) 문제가 발생했을 때는 이끄미와 상의하여 해결해나가도록 합니다.

5) 본부에서 요청하는 여러 가지 사항에 관해 순종하는 마음으로 임하고, 다방면의 경험을 통해 훈련받도록 합니다.

관계 훈련

1) 훈련 중에 조에서 나누었던 대화 내용은 다른 곳에서 발설하지 않도

록 합니다. 상호 비밀 유지는 에티켓입니다.

2) 조원들 간에 기도제목을 나누고 중보기도를 해줍니다. 때때로 문자 메시지나 전화로 격려합니다.

3) 우리는 제자훈련을 통해 서로를 이해하고 용납하며 사랑하는 훈련을 받는 것입니다. 지식을 얻기 위해서가 아니라, 예수님의 사랑을 나누고 실천하기 위해 훈련받는 것임을 기억해야 합니다.

4) 친한 사람들끼리만 같이 앉거나 대화하지 마십시오. 훈련을 통해 폭넓은 인간관계와 새로운 만남이 이루어져야 합니다. 세상으로 당당히 나아가기 위해서는 낯선 환경에서도 사람들에게 다가갈 수 있어야 합니다.

5) 혹시 훈련생 간에 문제가 생겼을 때에는 하나님 앞에 기도하고, 필요시 이끄미와 상담합니다. 관계 문제에 대해 현명하게 대처해나가야 합니다.

소그룹 나눔

소그룹 내에서 이루어지는 나눔은 정답만을 말하는 시간이 아닙니다. 서로의 생각과 의견을 나눔으로써, 한 가지 주제에 관해 다양한 생각을 들어보고 이해의 폭을 넓히도록 하기 위함입니다. 편안하게 자신의 의견을 말하십시오. 조원 모두는 어떤 의견이든 받아들일 준비가 되어 있음을 믿어야 합니다.

1) 서로의 생각과 의견에 열려 있어야 합니다.

2) 부정적이거나 잘못된 방향으로 이끌 의견이 나올 경우, 이끄미에게 도움을 요청해야지 인신공격성 대화를 주고받으면 안 됩니다.

3) 의견을 말할 때 "예", "아니오" 식의 짧은 대답보다는 자신의 생각이 반영된 서술형 답변을 합니다.

4) 한 사람이 한 번에 3분 이상 말하지 않도록 주의합니다. 배경 설명은 최소화하고, 내용의 핵심을 잘 정리해서 말합니다.

5) 조원 모두가 이야기하는 사람에게 집중하여 경청합니다. 그리고 가능한 한 긍정해주도록 합니다.

한눈에 보는 DMT 흐름도

DMT 과정에는 중요한 3가지 흐름이 있습니다. 훈련 과정 속에서 이것을 어떻게 담아내고 있는지 도표를 통해 확인해봅시다.

전도의 자신감 형성

- 제자로서의 정체성 확립
- 성령의 기름부으심 체험
- 복음 제시 능력 향상

전도의 실행 능력 갖추기

- 전도 방법 실습
- 실제적 전도 실행 경험
- 아웃리치 경험

전천후 전도 리더 만들기

- 전략적인 전도 경험
- 전도 클러스터 능력 배양
- 주도적인 전도 리더십 발휘

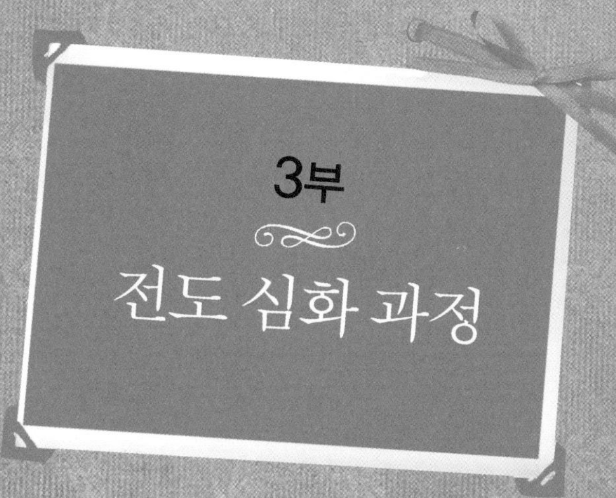

3부

전도 심화 과정

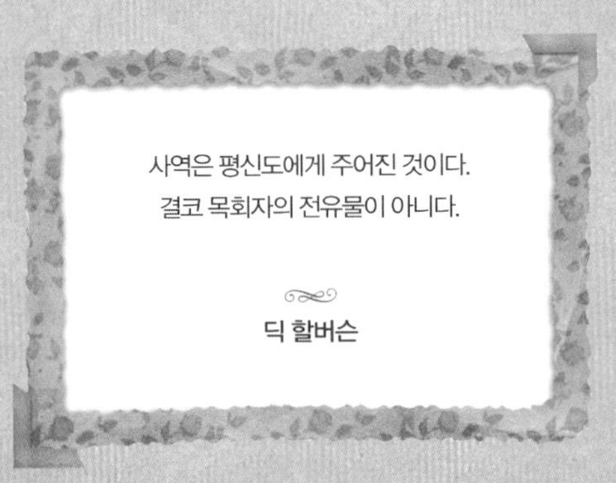
사역은 평신도에게 주어진 것이다.
결코 목회자의 전유물이 아니다.

딕 할버슨

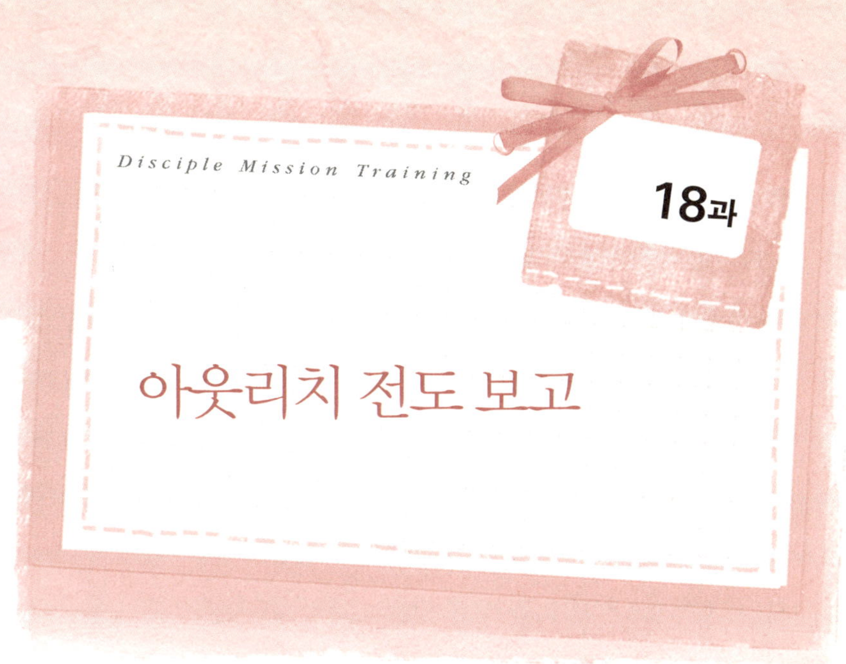

아웃리치 전도 보고

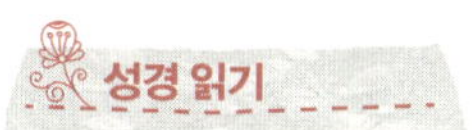 성경 읽기

| 누가복음 10장 17~20절 |

칠십 인이 기뻐하며 돌아와 이르되 주여 주의 이름이면 귀신들도 우리에게 항복하더이다 예수께서 이르시되 사탄이 하늘로부터 번개같이 떨어지는 것을 내가 보았노라 내가 너희에게 뱀과 전갈을 밟으며 원수의 모든 능력을 제어할 권능을 주었으니 너희를 해칠 자가 결코 없으리라 그러나 귀신들이 너희에게 항복하는 것으로 기뻐하지 말고 너희 이름이 하늘에 기록된 것으로 기뻐하라 하시니라.

생각 나누기

• 아웃리치를 준비하고 진행하면서, 은혜받았거나 좋았던 경험들을 소원들과 함께 나누어봅시다.

• 아웃리치를 다녀온 이후 자기 삶에 달라진 점이 있는지 나눠봅시다.

1. 전도 파송

예수님은 70명의 제자들을 각각 둘씩 짝을 지어 전도 현장으로 보내셨습니다. 제자들을 두 명씩 같이 보내신 것은 그만큼 세상이 험하고 그들을 넘어뜨리는 강한 유혹이 있을 것이라는 뜻이기도 합니다. 이를 극복하기 위해 제자들은 서로가 도와주어야 했습니다. 그들을 보내는 주님의 심정은 양을 이리 가운데 보내는 것과 같았습니다.

1) 전도서 4장 9절을 읽어봅시다.

2) 전도서 4장 12절을 읽어봅시다.

2. 전도의 열매와 평가

(1) 전도의 열매

주님은 영원한   과 그들의 이름이   이 가장 큰 열매임을 가르쳐주십니다(눅 10:20).

지금까지 당신은 무엇을 전도의 열매로 생각했습니까?

(2) 전도의 평가

팀을 구성하고 전도의 전략을 세워 전도 사역을 하는 것 못지않게 중요한 것은 결과 보고와 평가입니다. 평가는 잘못된 점을 지적하는 것이 아니라, 더욱 발전된 사역을 위해 점검하고 보완하는 것이기 때문입니다. 이것은 다음번에 있을 전도 사역에 중요한 지침이 됩니다.

3. 전도 보고

예수님은 70명의 제자들이 전도하고 돌아와 전도의 결과(열매)를 보고하는 것을 들으시고 제자들을 칭찬하셨습니다. 사단이 하늘로부터 번개같이 떨어지는 영적 승리의 장면을 목격하시고, 제자들에게 주신 권세가 무엇인지 말씀하시며 그들을 격려하셨습니다. 제자들은 단지 귀신들이 예수님의 이름 앞에 굴복하는 것을 전도의 열매로 알았지만, 예수님은 제자들의 이름이 하늘에 기록됨으로 영원한 상급이 있을 것이라고 칭찬하셨습니다.

이런 예수님의 칭찬과 격려는 제자들에게 전도의 소망을 다시금 확인시켜주는 것이었습니다. 우리는, 우리가 행한 전도에 대해 주님께 보고하며 모든 영광과 기쁨을 그분께 돌려야 할 것입니다. 주님께 인정과 칭찬을 받음으로써 우리는 더욱 큰 전도의 열정과 기쁨을 얻게 될 것입니다.

(1) 　　　 보고

계획 및 준비 과정과 아웃리치 현장 진행 과정, 그리고 결과에 대한 평가를 기록합니다. 전체 진행 과정에서 좋았던 점, 문제점, 돌발 상황과 그 대응 방안, 다음 아웃리치팀을 위한 제안 등을 작성합니다.

(2) 　　　 보고

팀 전체가 함께 모여 전도의 열매와 결과를 평가하고 보고하는 시간을 마련합니다. 전도 에피소드, 전도하면서 얻은 기쁨과 감동, 전도하면서 고생한 경험 등을 이야기합니다.

(3) 　　　 보고

아웃리치 준비에서부터 마치기까지의 모습을 사진이나 동영상으로 담아서 '아웃리치 보고 영상'을 준비합니다. "백문이 불여일견"이라는 말처럼, 직접 다녀오지 않은 전도팀의 이야기를 시각적으로 접하면 더욱 공감대를 갖게 될 것입니다.

(4) 다른 팀들의 아웃리치 이야기를 적어봅시다.

우리가 함께 만든 아웃리치 이야기	
팀명: ○○○팀	장소: 경기도 ○○시
실행 과정 & 결과	
개인 소감	
팀명:	장소:
실행 과정 & 결과	
개인 소감	

<table>
<tr><td colspan="2">팀명: 장소:</td></tr>
<tr><td>실행 과정
& 결과</td><td></td></tr>
<tr><td>개인 소감</td><td></td></tr>
<tr><td colspan="2">팀명: 장소:</td></tr>
<tr><td>실행 과정 &
결과</td><td></td></tr>
<tr><td>개인 소감</td><td></td></tr>
<tr><td colspan="2">팀명: 장소:</td></tr>
<tr><td>실행 과정 &
결과</td><td></td></tr>
<tr><td>개인 소감</td><td></td></tr>
</table>

Q.2 다른 팀들의 아웃리치 이야기를 듣고 느낀 점을 조원들과 나누어봅시다.

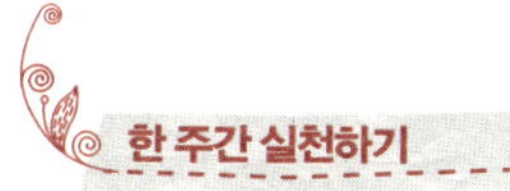

한 주간 실천하기

■ 전도 대상자를 위해 기도하고, 만나서 시간을 함께 보냅니다.

■ 아래 성경읽기표와 같이 말씀을 묵상하고, 확인란에 표시하십시오.

	월	화	수	목	금	토
본문	엡 1:1~14	엡 1:15~23	엡 2:1~10	엡 2:11~22	엡 3:1~13	엡 3:14~21
확인						

제자도는 주님과 나 자신, 이웃에 대해
내가 느끼는 바가 아니라
주님에 대해 내가 아는 바대로
살겠다는 결정이다.

유진 피터슨

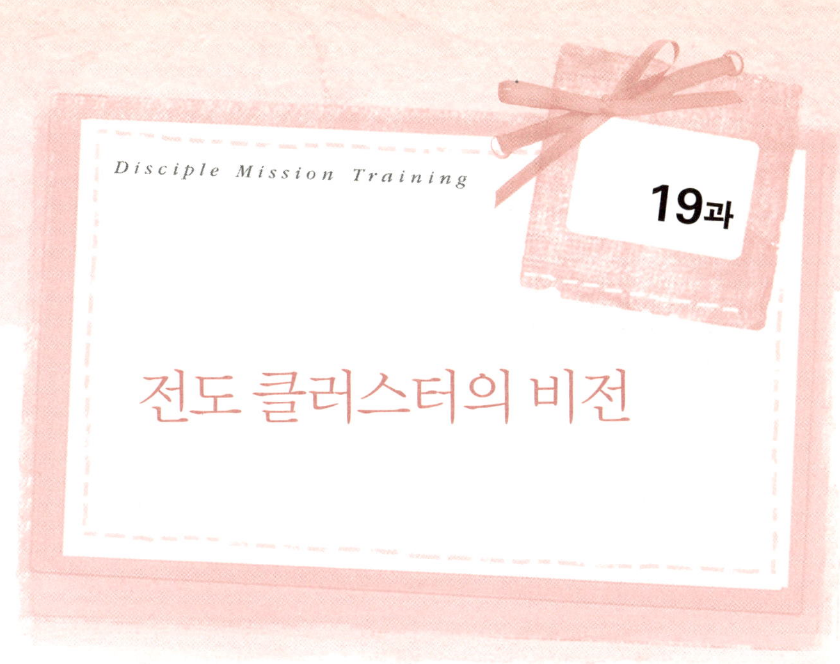

전도 클러스터의 비전

성경 읽기

| 누가복음 5장 5~7절 |

시몬이 대답하여 이르되 선생님 우리들이 밤이 새도록 수고하였으되 잡은 것이 없지마는 말씀에 의지하여 내가 그물을 내리리이다 하고 그렇게 하니 고기를 잡은 것이 심히 많아 그물이 찢어지는지라 이에 다른 배에 있는 동무들에게 손짓하여 와서 도와달라 하니 그들이 와서 두 배에 채우매 잠기게 되었더라.

생각 나누기

• 지난 주간의 말씀 묵상 내용을 서로 나누어봅시다.

• 혼자 전도를 시도했던 경험과 아쉬웠던 점을 이야기해봅시다.

1. 베드로의 고기잡이 이야기

다음의 그림은 베드로와 동료들이 예수께서 알려주신 대로 그물을 던지고 나서, 그물에 걸린 고기를 끌어올리는 장면입니다. 그림을 보면서 당시 상황을 상상해봅시다.

① 

장면 1

② 

장면 2

③ 

장면 3

④ 

장면 4

(1) 제자들의 대화

베드로와 동료들이 그 많은 고기를 잡아올리면서 어떤 이야기를 주고

받았을까요?

(2) 제자들의 역할

고기를 잡는 과정에는 각자의 역할이 있습니다. 제자들은 각각 어떤 역

할을 맡았을까요?

(3) 함께 고기를 잡는 모든 행위가   입니다.

이 이야기에서 주의 깊게 볼 것은 베드로와 그의 동료들의 태도입니다.

예수님의 도움으로 많은 고기를 잡아올릴 때, 만약 베드로 혼자서 감당하려고 했다면 그물이 찢어져서 모두 놓쳤거나 베드로가 감당할 수 있는 고기만 잡았을 것입니다. 하지만 그는 근처에 있던 동료들에게 도움을 요청하였고, 각자 다른 자리에서 무거운 그물을 끌어올렸습니다.

전도라는 한 가지 목적을 위해서 여러 사람이 유기적으로 협력하여 힘든 일을 서로 나누고, 역할을 감당하는 것을 '전도 클러스터링(clustering)'이라 할 수 있습니다.

2. 클러스터링 전도의 과정

(1) 예수님의 말씀을 들었습니다.

누가복음 5장 3절을 읽습니다.

(2) 예수님의 말씀에 순종하였습니다.

누가복음 5장 4~5절을 읽습니다.

(3) 다른 어부들과 함께하였습니다.

누가복음 5장 7절을 읽습니다.

(4) 최선을 다하였습니다.

(5) 사람 낚는 어부가 되었습니다.

누가복음 5장 10~11절을 읽습니다.

3. 팀 전도와 클러스터링 전도의 차이

팀 전도	클러스터링 전도
• 함께 모여서 실행한다.	
• 함께 모이되 각자의 역할을 기능적으로 나눠 동시에 실행한다. 예) 찬양팀, 문서팀, 차량팀, 안내팀 등으로 구성	• 전도자들이 시차를 두고 다양한 상황에서 실행한다. • 개인이 팀의 역할을 맡을 수 있고, 팀으로 확대하여 활동할 수 있다.
• 전도자 중심으로 준비하고 접근한다. • 각자의 역할에 준해서 전도활동이 이루어진다. 연역적이다.	
• 행사 위주의 측면이 강하다.	• 관계 형성의 측면이 강하다.
• 가급적 많은 사람이 동참할 때 큰 힘을 발휘할 수 있다.	• 적은 사람으로도 시너지를 발휘할 수 있다. 전도 대상자에게 꼭 필요한 접근이 이루어지기 때문이다.
• 자신의 역할을 일단 한 가지로 규정하고 그것에 집중한다. 각자의 역할이 자신의 은사에 국한될 소지가 많다.	
• 준비 과정과 인적 활용 면에서 상대적으로 비효율적이다.	• 전도자 간에 의사소통이 잘되면 적은 시간과 적은 인원으로 효율적인 접근을 할 수 있다.

4. 클러스터링 전도의 특징

(1) 클러스터링 전도는 쉽습니다.

(2) 장소와 시간에 구애받지 않고 창조적인 방법으로 전도할 수 있습니다.

(3) 클러스터링 전도는 과학적입니다.

(4) 전도 클러스터링은 전도 대상자에게 가장 필요한 것을 찾아 도와주는 것입니다.

5. 클러스터링 전도의 비전

(1)   전도를 할 수 있습니다.

(2) 전도가 생활 속   이 됩니다.

(3)   전도할 수 있게 됩니다.

6. 클러스터링 전도 이해 점검

(1) 자신이 이해한 클러스터 전도에 관해 설명해봅시다.

(2) 클러스터링 전도와 다른 전도 방법들에는 어떤 차이가 있다고 생각하십니까?

(3) 클러스터링 전도에는 어떤 유익이 있다고 생각하십니까?

7. 클러스터링 전도 총정리

• 전도라는 한 가지 목적을 위해 여러 사람들과 도구가 유기적으로 협력하여 힘든 일을 서로 나누고, 각자의 역할을 감당하는 것을 말합니다.

- ‘베드로의 고기잡이 이야기’ 성경 원리를 가지고 전도에 접목시킨 전도 방법입니다.

- 전도의 모든 방법과 이론 등을 모아서 이것을 영혼 구원을 위해 사용할 수 있도록 하는 것입니다.

- 가용한 모든 방법을 연결하고 보완하여 전도 협력자와 유기적으로 만들어나가는 전도의 과정입니다.

- 각자의 장점과 특성을 활용하여 서로 협력할 때 전도 대상자에게 영향을 주고, 이것이 연결되어 클러스터링 전도가 됩니다. 스스로 전도의 주체임을 경험하고 확인하게 됩니다.

■ 부록의 〈클러스터링 전도란 무엇인가〉를 읽어봅시다.

■ 전도 클러스터 실행을 위해 전도 대상자 1명을 선정합니다. 그리고 다음 항목에 따라 전도 대상자의 상황을 분석해봅시다.

구분 항목	내용
대상자 이름	
나와의 관계	
연령	
성장 배경	

가정 배경	
종교	
기독교에 대한 반응	
경제 수준	
일상 활동 상황	
요즘 관심사	
요즘 불만 사항	
요즘 희망 사항	

■ 아래 성경읽기표와 같이 말씀을 묵상하고, 확인란에 표시하십시오.

	월	화	수	목	금	토
본문	엡 4:1~16	엡 4:17~24	엡 4:25~32	엡 5:1~14	엡 5:15~21	엡 5:22~33
확인						

제자도는
의무와 욕망 중에서
필요한 선택을 하게 해준다.

엘리자베스 엘리어트

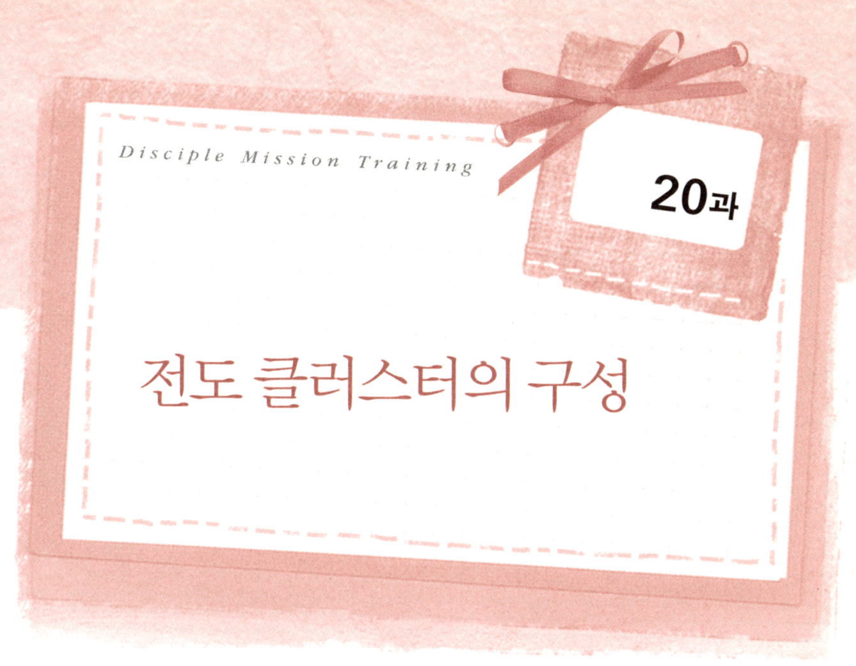

전도 클러스터의 구성

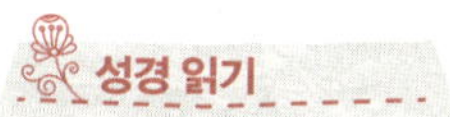

| 잠언 16장 9절 |

사람이 마음으로 자기의 길을 계획할지라도 그의 걸음을 인도하시는 이는 여호와
시니라.

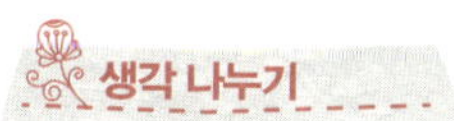

• 지난 주간의 말씀 묵상 내용을 서로 나누어봅시다.

• 지난주에 배운 클러스터링 전도의 내용을 복습해봅시다.

1. 전도 대상자의 필요 분석

(1) 전도 대상자의 필요

주님은 우리 삶의 필요를 해결해주시는 분입니다.

**(2) 전도 대상자에게 필요한 것들을 생각해보고 도울 수 있는 방법을 적어
봅시다.**

전도 대상자의 필요	도울 수 있는 방법

2. 전도 대상자의 관계 맵

(1) 전도 클러스터는   를 통해서 만들어집니다.

1) 관계는 전도의 중요한 동역이 됩니다.

① 선교학자 맥가브랜은 전도의 95% 이상이 관계를 통해서 이루어진다고 하였습니다.

② 빌립이 나다나엘에게 전도하였습니다(요 1:45).

③ 기존 신자보다 새신자들이 전도를 많이 하는 이유는 그들이 불신자를 많이 알고 있기 때문입니다.

④ 나 자신도 다른 누군가를 통해 전도를 받았습니다.

2) 관계는 전도하기 위한 힘을 모으는 일입니다.

① 혼자서 하기보다 함께 힘을 모아서 하면 훨씬 수월합니다.

② 베드로는 바다에서 많은 고기가 담긴 그물을 끌어올릴 때 동료의 도움을 받았습니다.

③ 전도 대상자에게 필요한 것을 공급하고 나누어주기 위해서 다른 동역자의 도움을 받을 수 있습니다.

(2) 전도 대상자를 중심으로 관계 맵을 만들어봅시다.

Q.1 당신의 인맥을 형성하는 사람은 몇 명 정도 된다고 생각합니까?

1) 전도 대상자 관계 맵

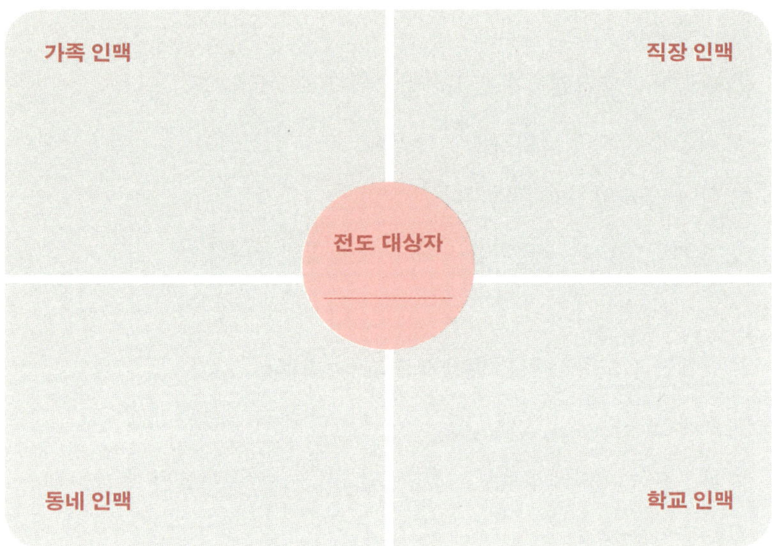

2) 앞의 그림에 전도 대상자 이름을 쓰고, 그 사람을 중심으로 관련되어 있는 사람들의 이름을 주변에 적습니다. 직접 아는 사람이 없으면 1~3 단계를 거쳐서라도 인맥을 적을 수 있으며, 필요에 따라서 관계 맵의 가지나 줄기를 더 확장할 수 있습니다.

3) 전도 대상자 관계 맵의 사람들 중에서 내가 접촉하여 영향력을 행사할 수 있는 사람을 적어봅시다. 그들이 나의 전도 협력자가 될 수 있습니다.

전도 대상자 인맥	해당되는 사람들
가족	
직장	
동네	
학교	

4) 전도자 관계 맵

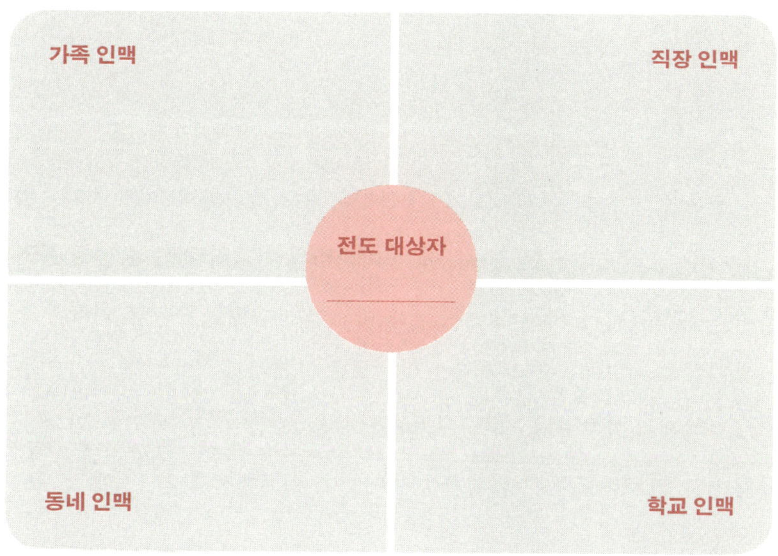

5) 이번에는 나의 인맥 가운데 전도 대상자와 접촉 가능한 사람들을 배
치해봅시다.

전도자 인맥	해당되는 사람들
가족	
직장	
동네	
학교	

3. 전도 협력자 구성

(1) ＿＿＿＿＿를 활용한 바울의 선교 활동

바울은 선교 사역을 시작하기 전 안디옥에서 바나바와 더불어 가르쳤습니다. 그리고 1차 선교 여정에서 바나바와 마가라 하는 요한을 동역자로 삼았습니다. 마가 요한의 일로 바나바와 결별한 후에는 실라와 동행하였습니다. 루스드라에서는 디모데를 동역자로 선택하였고, 누가는 드로아에서 합류하였습니다. 또한 소바더, 아리스다고, 세군도, 가이오, 두기고, 드로비모 등의 동역자들의 이름이 사도행전 20장 4절에 소개되어 있습니다.

전도 클러스터는 개인을 뛰어넘어 동역자들과 한 팀을 이루어야 하며, 때로는 본인이 팀의 리더 역할을 해야 하기도 합니다. 이때, 동역자들 간의 긴밀한 의사소통을 통해 사역을 해나가야 합니다.

(2) 전도 협력자를 세웁시다.

전도 협력자에게 이렇게 하십시오.

1) 당신이 하고자 하는 　　　　　　을 설명하십시오. 이를 통해 당신의
　　　　　을 보여주십시오.

2) 전도 협력자와 　　　　　　　을 가지고 이야기하십시오. 영혼 구원
에 동참하는 일의 축복을 말하거나, 당신과의 신뢰 관계 및 보상("내가
밥 살게", "나 좀 도와줘" 등)으로 동기를 유발합니다.

3) 전도 대상자를 위해 　　　　　　　　　　하면서 함께 전도해나가
자고 부탁하십시오. 전도 협력자도 전도의 주체가 될 것입니다.

(3) 앞의 두 표를 종합하여 다시금 나의 전도 협력자를 구성해봅시다.

전도 협력자	역할(전도 대상자의 필요)
가족	
직장	
동네	
학교	

4. 전도 클러스터 그리기

전도 클러스터를 한눈에 볼 수 있도록 그림을 함께 그려봅시다. 빈칸에
해당되는 내용을 적어봅시다.

■ 아래와 같이 전도 클러스터를 조직해봅시다.

전도 협력자	역할	섭외 계획	결과

■ 아래 성경읽기표와 같이 말씀을 묵상하고, 확인란에 표시하십시오.

	월	화	수	목	금	토
본문	엡 6:1~9	엡 6:10~24	빌 1:1~11	빌 1:12~21	빌 1:22~30	빌 2:1~11
확인						

우리는 하나님의 진리를
어떻게 실행에 옮기는지에 대한
예수 그리스도의 완벽한 모범을 갖고 있다.

빌 브라이트

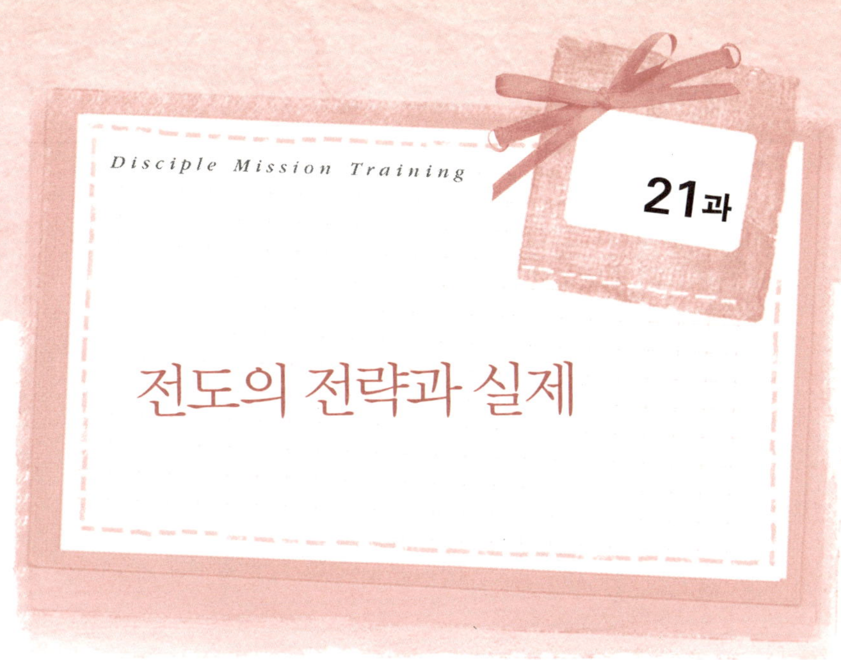

전도의 전략과 실제

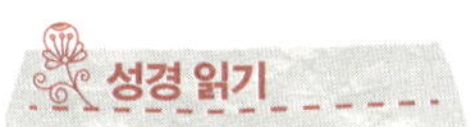
성경 읽기

| 마태복음 10장 16, 19~20절 |

보라 내가 너희를 보냄이 양을 이리 가운데로 보냄과 같도다 그러므로 너희는 뱀같이 지혜롭고 비둘기같이 순결하라 … 너희를 넘겨줄 때에 어떻게 또는 무엇을 말할까 염려하지 말라 그때에 너희에게 할 말을 주시리니 말하는 이는 너희가 아니라 너희 속에서 말씀하시는 이 곧 너희 아버지의 성령이시니라.

생각 나누기

• 지난 주간의 말씀 묵상 내용을 서로 나누어봅시다.

• 지난주 실전 과제인 '전도 클러스터 조직'에 대해 보고합니다.

• 아래의 '전도자 자가 진단 질문'에 스스로 답해봅시다. 교재에 답을
  적어봅시다.

나는 예수님의 제자로서 지금 무엇을 하고자 하는가?	
전도자로서의 삶은 나에게 어떤 가치가 있는가?	
내가 하고자 하는 전도는 전도 대상자에게 어떤 유익이 되는가?	
전도 대상자가 어떻게 변화하기를 원하는가?	
이 일을 위해 무엇이 필요한가? (전도 협력자 도움 요청 사항 포함)	

1. 뱀과 같은 지혜로움

전도 사역에 있어서도 지혜가 필요합니다. 막무가내식으로 전도하던 시대는 지났습니다. 그렇다면, 어떻게 하는 것이 지혜롭게 전도하는 것일까요? 예수님은 제자들을 전도하러 보내시면서 "너희는 뱀같이 지혜로워야 한다"고 말씀하십니다. 이는 전도할 때에 뱀처럼 행동하라는 의

미가 담겨 있는 말씀입니다.

(1) 조용히   자세로 다가갑니다.

사냥할 때에 뱀은 그 목표를 여럿으로 분산하여 정하지 않습니다. 한 번에 하나씩 목표를 정하고, 그 목표를 향해 전진합니다. 이때 대상이 눈치채지 못하게 조용히, 아주 낮은 자세로 나아갑니다. 뱀은 소리를 내거나 소란스럽게 움직이지 않습니다. 그리고 결정적인 시기를 노립니다.

(2) 절대로   하지 않습니다.

뱀은 사냥감을 물고 이빨을 통해 독을 주입합니다. 그러면 아무리 발버둥치던 사냥감도 금세 잠잠해집니다. 우리는 불신자에게 사랑의 약을 주입시켜야 합니다. 그 사랑을 맛본 영혼은 사랑의 그물에서 달아날 수 없습니다. 아무리 예수 안 믿으려고 발버둥을 쳐도 하나님의 사랑을 받게 되면, 그만 힘을 잃고 머리를 숙입니다.

(3)   소화시킵니다.

뱀은 아무리 큰 사냥감이라고 해도 통째로 삼킵니다. 찢어 먹는다든지 잘라서 먹지 못합니다. 그러고 나서는 천천히 소화시킵니다. 그중에는 먹기 좋은 것도 있지만 딱딱하거나 더러운 것도 있습니다. 그래도 뱀은 그 모든 것을 삼킨 채 천천히 소화시킵니다.

2. 수용성에 따른 접근 전략

(1) 수용성 정도에 따른 3가지 분류

1) 수용적 반응자

2) 무관심·중립적 반응자

3) 거부·부정적 반응자

(2) 수용적 반응자

1) 복음에 대한 수용성이 높은 사람들

2) 수용적 반응자 전도 전략

① 교회 예배 또는 행사나 모임에 초청하기

② 적극적인 복음 제시하기

③ 성경공부 프로그램에 참여 유도하기

④ 기독교 서적이나 설교 테이프 선물하기

⑤ 지속적인 교제와 중보기도 관계 형성하기

(3) 무관심·중립적 반응자

1) 대상자의 특징

2) 무관심·중립적 반응자 전도 전략

① 교회의 좋은 이미지 전하기

② 신앙생활에 대한 관심과 호기심 유발하기

③ 자신의 변화된 삶을 간증하기

④ 정성어린 전도 편지 보내기

⑤ 인생의 위기 상황 포착하기

⑥ 강연, 공연, 만찬 등 교회 이벤트에 초대하기

(4) 거부·부정적 반응자

1) 대상자의 특징

2) 거부·부정적 반응 요인

① 교회와 교인들로부터 받은 상처

② 교인들의 성숙하지 못한 인격과 이중적인 생활 태도

③

④

⑤ 교회의 생활 규범과 분위기, 예배 의식에 적응하는 것에 부담

⑥

⑦ 기독교의 배타성: 왜 기독교에만 구원이 있는가?

⑧ 기독교는 서양 종교라는 고정관념

⑨ 성경 내용에 대한 불신

3) 거부·부정적 반응자 전도 전략

Q.1 수용성의 구분에 근거하여 당신의 전도 대상자는 어떤 상태에 있다고 생각 하십니까?

Q.2 오늘 배운 내용 중, 당신이 전도 대상자에게 제대로 실천하고 있지 못한 것 은 무엇입니까?

3. 전도의 진행 과정

(1) 분명한   를 세웁니다.

전도 대상자를 정합니다. 분명한 목표와 이룰 수 있다는 확신을 가지고 시작해야 합니다. 전도의 기간과 전도 계획을 수립하는 것도 중요합니다. 목표 없이 전도하는 것은 방향을 정하지 않고 달리는 것이나, 허공을 향해 싸우는 것과 같기 때문입니다(고전 9:26).

(2) 기도합니다.

"사람이 마음으로 자기의 길을 계획할지라도 그의 걸음을 인도하시는 이는 여호와이십니다"(잠 16:9). 우리의 전도 계획을 이루시는 분은 주님이시기에, 반드시 주님의 인도하심이 있어야 합니다. 성령님의 이끄심을 기대하며 이를 위해 기도합니다.

(3) 전도 대상자에게 다가갑니다.

《바보들은 항상 결심만 한다》라는 책이 있습니다. 나의 전도 계획이 말 그대로 '계획'에 그치지 않으려면 실행에 옮겨야 합니다. 전도 대상자에게 다가가는 것부터 시작하십시오. 무엇을 할 것인가보다 중요한 것은 그에게 다가가는 것입니다.

(4) 친밀한 　　　　를 형성합니다.

전도는 말이 아니라 관계입니다. 말은 관계를 맺기 위한 도구입니다. 친밀해지십시오. 상대방이 당신을 신뢰하게 된다면 그때부터 당신의 영향력이 시작될 것입니다. 친밀한 관계를 형성하기 위해서는 우선 마음을 주어야 합니다. 그리고 그 마음의 표현이 상대에게 진정한 사랑으로 받아들여질 때까지 지속되어야 합니다.

(5) ████를 포착합니다.

전도 대상자의 상황 가운데 위기의 순간이나 주님의 도우심이 필요한 순간을 파악합니다. 그리고 그것을 위해 기도합니다. 그의 영적인 필요와 육적인 필요에 잘 반응하며 그의 마음이 주님께로 열리도록 돕습니다. 가능하다면, 그의 필요에 맞춰 도움의 손길을 제공하는 것도 좋습니다. 주변의 전도 협력자들과 함께 협력하며 나아가십시오.

(6) 자신의 간증을 전합니다.

간증은 실제적이면서 가슴을 울리는 복음 제시와 같습니다. 전도 대상자는 전도자를 거울삼아 자신의 미래를 생각해볼 수 있기 때문입니다. 간증 요령에 맞춰 간결하면서도 구체적으로 인생의 변화와 축복을 전하십시오. 전도자는 늘 간증할 준비가 되어 있어야 합니다.

(7) 복음을 제시합니다.

〈복음 제시문〉에 따라 전할 수 있습니다. 간결하면서도 확실하게 복음을 제시할 수 있도록 연습하고 준비하십시오. 기회가 왔을 때 전할 수 있어야 합니다. 복음 제시 후에는 꼭 영접 기도를 행해야 합니다.

(8) 교회와 예수님에게로   합니다.

교회 방문은 곧 복음에 대해 수용적인 상태임을 의미합니다. 가능한 한 여러 기회를 만들어 교회로 초청하고, 그 기회를 활용하여 예수님께로 나아가도록 합니다.

4. 전도 클러스터 점검

전도 클러스터는 전도 과정의 진행 상태를 점검하고 지원해야 완성될 수 있습니다. 기본적으로 협력 관계 속에서 이루어지기 때문에, 전도 협력의 경험을 갖도록 해야 합니다.

(1) 점검의 필요성

1) 두세 사람이 주님의 이름으로 모인 곳에 예수님께서 함께하시기 때문입니다(마 18:20).

2) 주님이 함께하시면, 지혜와 통찰력을 얻기 때문입니다.

3) 우리를 통해 주님이 말씀하심으로, 그분의 대언자가 될 수 있기 때문입니다.

4) 주님은 대화 중에 내 안에 잠자고 있던 생각과 관점, 시야가 깨어나고

확장되게 하십니다.

5) 지속적인 기도와 관심은 깊이 있는 나눔으로 이끕니다.

6) 신뢰 관계 속에서 서로 돌봄으로 상호 책임감을 갖습니다.

7) 경청 능력, 질문 능력, 코칭 능력, 집중력 등 일대일 관계 능력을 배양하고 향상시키게 됩니다.

(2) 점검 사항

1) 지난 주간의 전도 클러스터 실행 결과를 보고하고 평가합니다(전도 협력자, 전도 대상자, 보완 사항 등).

2) 진단 질문

전도 클러스터를 진행하는 데 있어, 무엇이 문제입니까? 어떤 부분에서 애로 사항이 있습니까?

3) 전도 협력자와의 역할을 포함한 이번 주간의 전도 클러스터 진행 계획을 수립합니다.

(3) 진행 시나리오

1) 성령의 임재 기원

다 함께 찬송 한 곡을 부르고, 기도의 시간을 갖습니다. "주님, 우리 안에 임하소서. 내 생각과 마음을 열어주소서. 나를 통해 말씀하옵소서"라는 기도제목으로 함께 기도합니다.

2) 전도 클러스터 점검

조원끼리 일대일 기도 협력자가 되도록 짝을 맺습니다. 맺어진 짝은 끝까지 서로에게 기도 협력자가 되어줍니다. 한 사람씩 돌아가면서 발표하고 나머지 조원들은 경청합니다. 먼저 이끄미와 조장부터 발표를 시작합니다. 발표가 끝난 후 격려, 지지, 질문, 브레인스토밍 등의 방법으로 코칭해줍니다.

단, 충고하거나 설득하려고 하면 안 됩니다. 도움을 주고자 노력하되, 발표자가 보지 못하는 부분을 보도록 도와주는 것입니다. 서로의 이야기에 대해 논쟁하지 말고 끝까지 들어줍니다. 필요한 내용이나 좋은 내용은 메모하여 본인의 전도 실행에 참조하도록 합니다.

전도 클러스터 점검이 다 끝나면, 기도 협력자끼리 한 주 동안 전도 클러스터 실행을 위해 도우실 성령님을 구하며 기도하고 마칩니다.

(4) 기타 사항

교육 시간 외에 주중에도 전도 클러스터 실행에 관해서 기도 협력자와 계속 상의해가도록 합니다. 가급적 전도 협력자는 조원 외의 다른 사람들로 구성하도록 합니다. 단, 개인적인 동의를 얻어 훈련생들 간에 전도 협력할 수 있습니다.

(5) 전도 클러스터 점검 양식 작성하기

주님께 보고하는 심정으로 준비하고 보고합니다. 주님이 조원을 통해 말씀해주시는 것으로 알고 받아들이십시오. 물론 선택은 본인이 하는 것입니다. 조원들의 이야기 가운데 참고할 내용들을 교재에 기록하십시오.

전도 클러스터 점검 양식

지난주 전도 클러스터 실행 결과 및 평가

전도 클러스터 실행 중 애로 사항

조원들의 조언

이번 주 전도 클러스터 실행 계획 수립

■ 전도 클러스터를 실행해봅시다.

전도 협력자	역할	실행 계획	결과

■ 아래 성경읽기표와 같이 말씀을 묵상하고, 확인란에 표시하십시오.

	월	화	수	목	금	토
본문	빌 2:12~18	빌 2:19~30	빌 3:1~14	빌 3:15~21	빌 4:1~9	빌 4:10~23
확인						

교회의 역할은
주님을 사람에게 맞추는 것이 아니라
사람을 주님께 맞추는 것이다.

도로시 세이어스

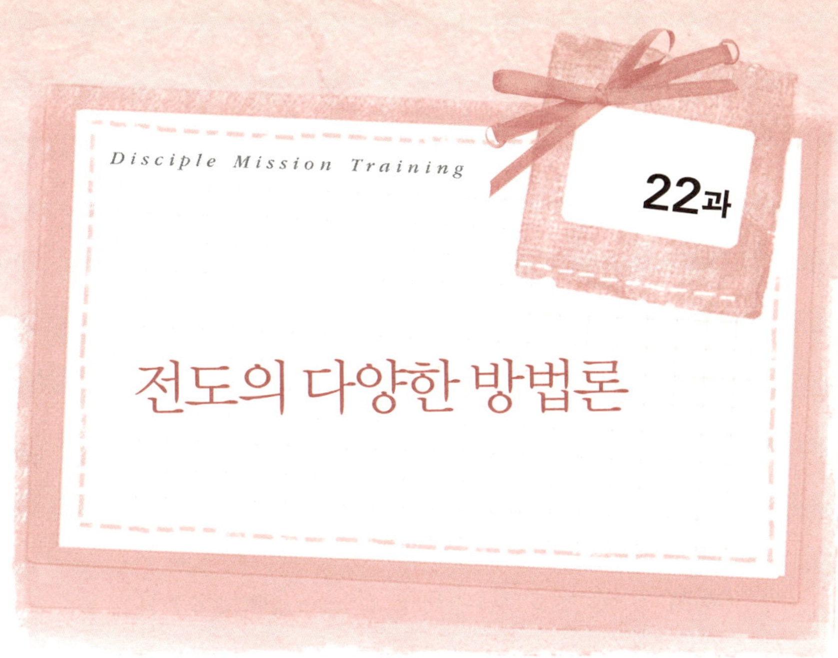

전도의 다양한 방법론

성경 읽기

| 다니엘 12장 3절 |

지혜 있는 자는 궁창의 빛과 같이 빛날 것이요 많은 사람을 옳은 데로 돌아오게 한
자는 별과 같이 영원토록 빛나리라.

생각 나누기

• 지난 주간의 말씀 묵상 내용을 서로 나누어봅시다.

• 당신이 알고 있는 전도의 방법에는 어떤 것이 있습니까?

1. 복음 제시형 방법론

복음 제시형 전도 방법은 전도의 초점이   에 있습니다. 복음을 적극적으로 표현하여 상대방을 설득하거나 이해시키려는 방법을 말합니다.

(1) 선포 전도

불특정 다수를 향해 거리나 버스, 지하철, 시장, 공원에서 복음을 외치는 것입니다. 상대방의 의사와 상관없이 복음을 선포하는 것이 선포 전도입니다. 요나가 "그 성읍에 들어가서 하루 동안 다니며 외쳐 이르되 사십 일이 지나면 니느웨가 무너지리라"(욘 3:4) 하고 말한 것처럼 하나님이 주신 말씀을 일방적으로 전하는 것입니다. 전도의 결과를 주님께 맡기고 자기 자신은 전하는 것에만 집중함으로, 전도 결과의 책임으로부터 자유로운 전도 방법입니다.

(2) 사영리 전도

사영리는 CCC(Campus Crusade for Christ)운동에서 활용된 복음 제시 전도법으로, 1951년 미국 UCLA에서 빌 브라이트 박사에 의해 시작되었습니다. 신론, 인간론, 기독론, 구원론의 4가지 원리를 바탕으로 복음을 전하도록 구성되어 있습니다.

- 1원리: 하나님은 당신을 사랑하시며, 당신을 위해 놀라운 계획을 가지고 계십니다.
- 2원리: 사람은 죄에 빠져 하나님으로부터 떠나 있습니다. 그러므로 하나님의 사랑과 계획을 알 수 없고, 또 그것을 체험할 수 없습니다.
- 3원리: 예수 그리스도만이 사람의 죄를 해결할 수 있는 하나님의 유일한 길입니다. 당신은 그분을 통하여 당신에 대한 하나님의 사랑과 계획을 알게 되며, 또 그것을 체험하게 됩니다.
- 4원리: 우리 각 사람은 예수 그리스도를 '나의 구주 나의 하나님'으로 영접해야 합니다. 그러면 하나님의 사랑과 계획을 알게 되며, 또 그것을 체험하게 됩니다.

(3) 전도폭발

전도폭발은 미국 플로리다 주에 있는 코럴릿지 교회에서 목회하고 있는 제임스 케네디 목사에 의해 만들어져 한국에도 보급되어 사용되고 있습니다.

1) 선도의 방법

전도폭발은 전교인에게 동기를 유발시켜 실제로 전도에 임하게 하는 데 목적이 있습니다. 목회자가 전도폭발 사역에서 친히 모범을 보이고 또한 지도력을 발휘하는 것이 특징입니다. 훈련생들은 13주 동안 매주 한 차례씩 시간을 정하여 방문 전도의 능력을 익히게 됩니다. 교실에서 강의를 한 다음에 훈련생들과 함께 전도 현장에 나가 복음을 나누는 시범을 보여줍니다. 그렇게 훈련생들을 훈련자로 세우고, 그들이 또 다른 훈련생들을 가르치게 합니다.

2) 전도폭발의 유익

전도폭발 훈련 프로그램은 교회를 무장시키는 효과를 가져다줍니다. 구체적인 유익을 살펴보면 다음과 같습니다.

① 복음을 제시하면서 부딪히는 어려움을 극복하도록 복음 제시의 내용을 반복 훈련합니다.

② 복음 내용을 확실히 무장시켜 전도에 대한 자신감을 갖게 합니다.

③ 기존 교인들이 복음에 대해 체계적으로 이해하도록 돕습니다.

④ 평신도 중심의 프로그램입니다.

3) 복음 제시 개요

① 전도 대상자의 생활 및 교회 배경

② 개인 간증

③ 두 가지 진단 질문

④ 복음 설명

⑤ 결신

⑥ 즉석 양육

(4) 다리 전도

다리 전도법은 네비게이토 선교회의 창시자인 도슨 트로트맨에 의해 시작되었으며, 다음의 6가지 주제로 복음을 제시합니다.

① 하나님의 선물인 영생

② 전도 대상자의 상태

③ 인간의 힘으로 구원받지 못함

④ 하나님께서 당신을 위해 하신 일

⑤ 어떻게 영생을 얻을 수 있는가

⑥ 믿음이란 무엇인가

(5) 고구마 전도

전도는 솥에 찌고 있는 고구마를 젓가락으로 찔러보는 것과 같습니다. 고구마가 익었는지 여부는 젓가락으로 찔렀을 때 잘 들어가는지 여부에 따라 '단순하게' 판단됩니다. 이처럼 '고구마 전도'는 나의 전도 대상자를 믿음의 젓가락으로 찔러서 확인하는 것입니다. 전도 대상자의 지식과 신분과 연령을 떠나, 단지 '저 사람이 예수님을 믿을까 안 믿을까'에 관심을 가지고 찔러서 확인해보는 방법입니다.

고구마를 계속 찌르다 보면 고구마가 점점 익어가는 정도를 확인해 볼 수 있는 것처럼, 내가 찌른 전도 대상자를 하나님이 익혀주셔서 전도의 기회를 얻을 수 있게 되는 것입니다.

• 고구마 전도의 핵심 4마디

① 예수 믿으십니까?

② 그래도 믿어야 합니다.

③ 너~무 좋습니다.

④ 기도하고 있습니다.

(6) 이슬비 편지 전도

예쁜 엽서를 각 계층의 사람에게 보내 마음의 문을 열게 하고 주님께로 인도하는 문서 전도 방법입니다.

1) 옥토화 작전

마태복음 13장 1~23절을 읽어봅시다.

옥토화 작전이란, 먼저 전도 대상자의 마음 밭을 좋은 땅으로 만들고 그 후에 말씀의 씨를 뿌리는 것입니다.

2) 옥토화 작전 4단계

① 태신자 잉태하기

② 좋은 땅 만들기

③ 씨 뿌리기

④ 열매 거두기

2. 관계 중심형 방법론

관계 중심형 전도 방법은 전도의 초점을   에 두고 있습니다. 사람들 사이에 형성된 신뢰 관계가 주님께로 이끄는 도구가 되도록 하는 것입니다. 관계 중심형 전도 방법은 안정적이고 지속적이며, 확실한 열매를 맺도록 하는 방법입니다.

(1) 태신자 전도

태신자란 '작정한 전도 대상자' 또는 '믿음으로 마음에 잉태한 전도 대상자'란 뜻입니다. 태신자 전도는 종합적인 전도 프로그램입니다. 교회 주변의 잃어버린 영혼을 위해 전 교인이 연초 또는 수시로 기도하면서 전도 대상자를 물색한 후, 2~3명씩의 태신자를 작정합니다. 자신의 태신자를 위해 기도하고, 만나서 친교를 나누며, 그의 마음이 열려 교회에 올 수 있도록 인도하는 전도 방법입니다.

- 태신자 전도 진행 단계
① 태신자 전도 준비
② 태신자 예비 작정
③ 태신자 작정
④ 태신자 접근

⑤ 태신자 총동원 초청

⑥ 태신자 양육

(2) 오이코스 전도

'오이코스(oikos)'는 '집' 또는 '가족'을 뜻하는 헬라어입니다. 오이코스 전도에서는 한 집에 거주하는 식구를 넘어서 방문객, 친척, 친구, 이웃, 직장 동료, 친목 단체(동호회) 회원 등 개인의 관계 안에 있는 모든 사람을 대상으로 합니다. 오이코스 전도는 관계 중심의 생활 전도라고 할 수 있습니다.

• 오이코스 전도의 5단계 진행 과정

① 그리스도인의 7가지 생활 양식 갖기

② 태신자 작정하기

③ 좋은 관계 형성하기

④ 복음 제시하기

⑤ 교회 출석 및 정착 돕기

(3) 생활 전도

많은 사람이 전도하는 것을 두려워하고, 전도훈련 프로그램에 참여하는 것 또한 꺼립니다. 이런 가운데 삶 속에서 자연스럽게 전도 과정에 참여할 수 있도록 하는 것이 생활 전도입니다. 생활 전도는 주변 사람들이 복음을 잘 받아들여 구원을 얻도록 그들과 좋은 관계를 형성하는 과정을 말합니다. 즉, 다른 사람들이 내 안에서 그리스도를 볼 수 있도록 삶을 통해 전도하는 것을 말합니다. 생활 전도는 그리스도인으로서 복음을 생활화하는 것이 핵심입니다.

(4) 전도소그룹

아파트 문화, 핵가족 시대, 첨예한 도시화 현상과 개인주의적 성향 속에서, 소그룹을 이루어 전도 대상자를 함께 섬기는 대안적 관계 전도법입니다. 무엇보다도 사랑과 섬김을 통해 전도 대상자의 필요를 채워주고 친밀하게 관계를 맺어가며, 이를 통해 불신자들을 교회로 인도할 수 있습니다. 논리적인 복음 제시보다 오히려 사랑과 관심의 실천이 교회 공동체로 이끌어내는 실질적인 원동력이 된다는 입장입니다. 전도소그룹은 바로 그런 섬김과 사랑의 실천을 함께 실행하는 장(場)이 됩니다.

• 전도소그룹의 진행 과정

① 기도하기

② 관계 세우기

③ 추수하기: (전도) 소그룹으로 초청하여 환영하기

④ 번식하기: '번식의 비전'을 가지고 나아가기

(5) 진돗개 전도

1) 한 번 물면 절대로 놓지 않습니다.

진돗개 전도의 핵심 포인트입니다. 진돗개는 영리해서 급소를 한 번 물면 상대가 쓰러질 때까지 절대로 놓지 않습니다. 그리고 절대 물러서지도 않습니다. 이처럼 전도할 때 중요한 것은 인내와 끈기입니다. 진돗개가 토끼 한 마리를 사냥할 때 최선을 다하듯이 전도할 때에도 절대 포기하지 않는 인내심이 필요합니다. 한 명을 전도하기 위해서 며칠이 아니라 몇 개월, 몇 년이 걸리더라도 기어이 전도하고야 말겠다는 각오로 임한다면 반드시 전도할 수 있습니다.

2) 한 번 주인은 평생 주인입니다.

진돗개는 충성심이 강해서, 한 번 주인으로 만난 사람을 평생 주인을 섬기고 따릅니다. 몇 년 전 진도에서 대전으로 팔려간 진돗개가 옛 주인을 잊지 못하고 7개월 만에 300여 킬로미터나 떨어진 거리를 찾아온 일화도 있습니다.

전도자는 진돗개의 뛰어난 충성심을 본받아야 합니다. 전도 대상자가 예수를 믿고 신자가 된 이후에도, 첫 마음이 변하지 않고 끝까지 갈 수 있도록 지속적으로 보살펴주어야 하는 것입니다. 전도한 영혼을 끝까지 섬기며 보살피면, 그 역시 진돗개처럼 평생 주인이신 하나님을 모시고 살 수 있게 될 것입니다.

전 교인이 총동원하여 자신의 전도 대상자를 교회로 초청하는 방법입니다. 날짜를 정하고 D-day에 맞추어 단계적으로 준비합니다. 모든 사람이 일제히 전도 대상자들을 데려오는 것이 목적입니다. 한 번만이라도 교회에 데려오는 데 초점이 있습니다.

1) 교회와 성도가 전심전력을 다해 전도에 힘을 쏟습니다.

총동원 전도에는 말 그대로 교회와 교인들의 모든 역량을 총집결한다는 뜻이 내포되어 있습니다.

2) 강권하며 데려오는 전도입니다.

하나님께서는 우리를 구원하시기 위해 큰 잔치를 준비하셨습니다(눅 14:16~23). 그 큰 잔치에 많은 영혼이 참여하기를 원하시며 온 산과 개울을 넘어 세상 끝까지 가서 초청하라고 말씀하셨습니다. 온 천지를 다니며 땀과 수고와 눈물의 기도로 천국 잔치에 참여할 것을 강권하며 전도하라는 것입니다. 총동원 전도는 전도에 대한 태도와 방법적인 면에서 가장 강권적이며, 하나님께는 가장 순종적인 방법입니다.

3. 전도의 구체적 실천 방법

아래 내용은 스티브 쇼그린의 책《101 전도법》을 참고로 하여 정리한
내용입니다.

(1) 봉사하기

음료수 나눠주기, 아침에 토스트 나눠주기, 식당 종업원에게 팁 주기,
'친절 진행 중'이라는 표지판을 들고 쓰레기 줍기, 신문 나눠주기, 물건
포장해주기, 쇼핑 카트 회수하기, 볼펜·메모지·휴지·꽃씨 나눠주기

(2) 지역 사회와 연결하기

셀프 세차장에서 수건으로 차 닦아주기, 유리창의 얼음 제거하기, 화장
실 청소해주기, 비 오는 날 우산 쓰고 바래다주기, 집 앞 또는 골목 청소
하기, 크리스마스트리 나눠주기, 시장 또는 마트에 '공짜 기도' 테이블
설치하기

(3) 도시에 투자하기

경찰관, 소방관, 119 대원들을 위한 감사의 파티, 독거 노인 가정 집 수
리, 개인 학습 지도, 가난한 아동에게 학용품 나눠주기, 생일파티 마련
하기, 이사 온 사람에게 환영파티 열어주기, 생일 카드 보내기

(4) 기타 전도 노하우

자원봉사, 이사 오는 가정 파악, 공중목욕탕에서 전도하기, 통·반장 자
원하기, 상담을 통해 전도하기, 문화센터(주민 모임)에서 전도하기

4. 전도 클러스터 점검

지난주 전도 클러스터 실행 결과 및 평가

전도 클러스터 실행 중 애로 사항

조원들의 조언

이번 주 전도 클러스터 실행 계획 수립

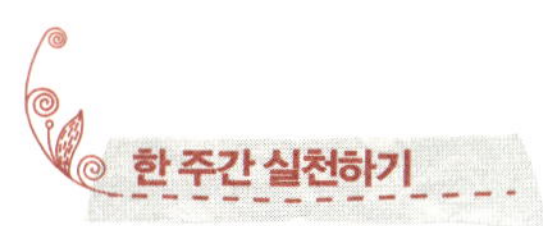

■ 전도 클러스터를 실행해봅시다.

■ 아래 성경읽기표와 같이 말씀을 묵상하고, 확인란에 표시하십시오.

	월	화	수	목	금	토
본문	골 1:1~8	골 1:9~23	골 1:24~29	골 2:1~7	골 2:8~23	골 3:1~11
확인						

삶의 문제로 주님과 고군분투하는 것은
믿음의 부족이 아니라
믿음을 보여주는 것이다.

리 스트로벨

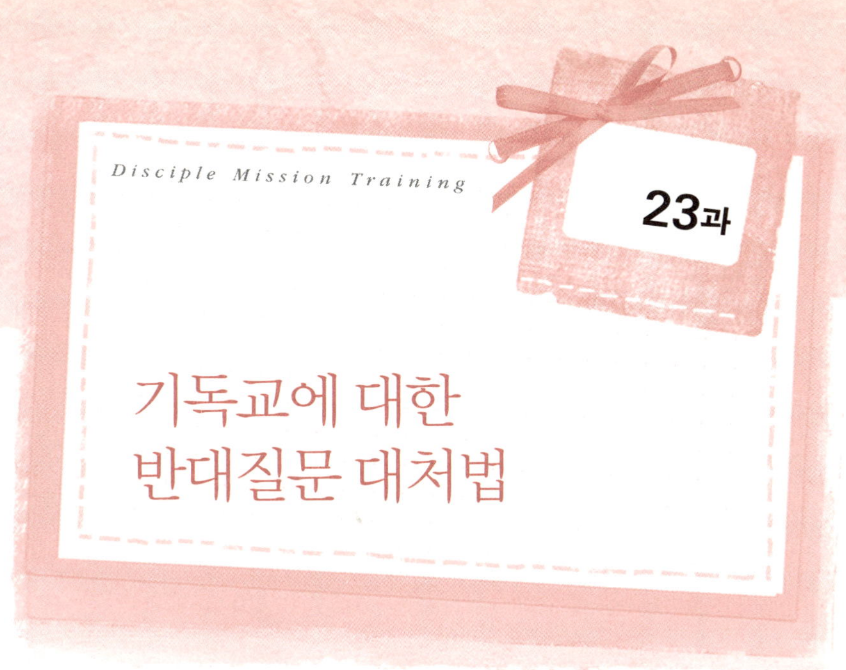

기독교에 대한 반대질문 대처법

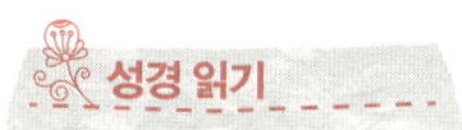

| 사도행전 4장 19~21절 |

베드로와 요한이 대답하여 이르되 하나님 앞에서 너희의 말을 듣는 것이 하나님의 말씀을 듣는 것보다 옳은가 판단하라 우리는 보고 들은 것을 말하지 아니할 수 없다 하니 관리들이 백성들 때문에 그들을 어떻게 처벌할지 방법을 찾지 못하고 다시 위협하여 놓아 주었으니 이는 모든 사람이 그 된 일을 보고 하나님께 영광을 돌림이라.

- 지난 주간의 말씀 묵상 내용을 서로 나누어봅시다.

- 불신자 또는 가족으로부터 복음(교회)에 관해 어떤 난감한 질문을 받았습니까? 그러한 질문을 받았을 때 어떻게 대응하였습니까?

1. 반대질문에 어떻게 반응해야 하는가

(1)   나아가십시오.

성령님이 함께하시면 용기 내어 말할 수 있습니다. 무슨 말을 해야 할지 염려하거나, 상대방의 지위와 반응에 미리 겁먹지 않게 됩니다. 내가 다 알지 못하고, 다 표현할 수 없을지라도 성령님이 우리를 통해 말씀하시기 때문에, 분명 놀랄 만한 결과가 나타날 것입니다.

(2) 내가 보고 들은 것, 체험한 결과를 말하십시오.

하나님의 능력과 예수님의 은혜는 이미 검증된 사실입니다. 다만 상대방이 듣지 못하고 알지 못하기 때문에 반대질문을 하는 것입니다. 우리는 진리를 확인시켜주는 역할만 감당할 뿐, 없는 것을 지어낼 필요는 없습니다. 우리의 체험은 바로 그 증거 자료가 됩니다.

(3) 상대방에게   를 주십시오.

전도는 설득이 아닙니다. 상대방을 굴복시키고 극복해야 하는 대상으로 보면 안 됩니다. 이겨야 하는 싸움으로 대하면 절대로 상대방의 마음이 열리지 않습니다. 하나님 아버지의 긍휼의 마음으로, 사랑의 눈빛으로 다가가 상대방으로 하여금 올바른 선택의 기회를 갖게 해야 합니다. 당신이 옳은가 판단하게 하십시오(행 4:19).

2. 반대질문 대처 자세

(1) 반대질문 앞에   마십시오.

베드로전서 3장 15절을 읽어봅시다.

상대방은 2가지 이유에서 반대질문을 합니다. 정말 모르기 때문에 궁금해서이거나 전도자를 공격하고 괴롭히기 위해서입니다. 그때 당황하지 말고 그 상황을 기회로 여기며 담담하게 임하십시오. 싫어하는 기색을 보이지 말고 상대방의 의견을 경청하는 태도를 유지하면서 복음의 진리로 이끌어야 합니다.

(2)   을 피하십시오.

잠언 25장 15절을 읽어봅시다.

전도는 논쟁이 아닙니다. 논쟁은 자기 논리 싸움으로 이어지며, 누군가 이겨야 끝이 납니다. 사실 논쟁에서 진 사람은 기분이 유쾌할 수 없습니다. 오히려 부정적인 생각과 감정을 갖게 됩니다. 불신자도 신앙에 대해 자기 나름의 견해를 갖고 있으므로 존중하도록 하고, 설령 상대가 시비를 걸어와도 지혜롭게 피하십시오.

(3) 질문에 대해 긍정적인 태도를 보이며 상대방을 　　　 하십시오.

반대 의견을 내거나 질문을 했을 때 "참으로 좋은 질문입니다", "맞는 말씀입니다", "잘 말씀하셨습니다"라는 대답으로 반응하면, 상대방도 귀를 기울이고 적극적인 태도로 듣게 될 것입니다. "제가 볼 때도 그렇겠네요", "그동안 얼마나 힘드셨나요?", "참 답답하셨겠어요" 하면서 맞장구쳐주거나 상대방을 이해하는 모습을 보이십시오.

(4) 지혜롭게 뒤로 미루십시오.

문제의 핵심을 벗어나 전하고자 하는 내용과 방향이 달라지면, 상대방에게 양해를 구하고 부드럽게 대화의 초점을 맞추어가도록 합니다. "그 문제도 정말 중요한데 잠시 후에 좀 더 이야기하기로 하고, 우선 제가 하던 말을 이어가지요." 그렇게 하지 않으면 자칫 복음을 전하는 기회를 놓치기 쉽습니다.

(5) 모르겠다고 말씀하십시오.

상대방의 눈높이에 맞추어 간결하게 답변하고, 혹시 모를 경우에는 정직하게 답변하십시오. "죄송합니다. 제가 그 문제에 대해 명확히 모르겠습니다. 알아보고 다음에 말씀드리겠습니다."

3. 반대질문에 대한 답변 예시

(1) 교회에 다니면 제사를 못 드리지 않습니까?

우리나라는 전통적으로 제사를 드려왔기 때문에, 그것을 거부하거나 없애는 것은 전통 관습에 대한 도전으로 여겨집니다. 특히 부모(조상)에 대한 효(孝)를 제사와 연관 짓기 때문에 제사의 부담감은 더욱 클 수밖에 없습니다.

제사의 유래는 중국의 '주공'이라는 사람으로부터 시작되었습니다. 그가 부모에게 불효했던 것을 반성하며, 부모 사후에 제사를 지낸 것에서 비롯된 것입니다. 이것이 우리나라의 토속신앙과 결합되어, 유교적 관습 속에서 뿌리내려온 것입니다.

사람들이 생각하는 제사의 본질은 두 가지라고 생각됩니다. 하나는 부모에 대한 공경의 예(禮)이고, 다른 한 가지는 조상으로부터 받을 복(福)입니다. 부모와 조상을 생각하며 불효했던 것을 뉘우치고 끝까지 정성을 다하는 표현인 동시에, 제사를 잘 지내면 조상 귀신이 가문을 지켜줄 것이라는 믿음의 표현인 것입니다.

기독교는 어느 종교보다도 효(孝)를 강조합니다. 십계명에서 인간에 대한 의무 중 가장 우선으로 "네 부모를 공경하라 그리하면 네 하나님 여호와가 네게 준 땅에서 네 생명이 길리라"(출 20:12)고 말씀합니다. 부모님 살아 생전에 효를 다하는 것이 진정한 효라고 할 수 있습니다.

"네 부모를 즐겁게 하며 너를 낳은 어미를 기쁘게 하라"(잠 23:25), "자녀들아 모든 일에 부모에게 순종하라 이는 주 안에서 기쁘게 하는 것이니라"(골 3:20), "자녀들아 주 안에서 너희 부모에게 순종하라 이것이 옳으니라"(엡 6:1).

한편 제사를 통해 기대하는 '복(福)'은 귀신이 주는 것이 아니라, 세상을 창조하신 전능하신 하나님이 주시는 것임을(신 28:2, 엡 1:3) 알아야 합니다. 그래서 기독교에서는 제사 대신에 추모 예배를 드립니다. 이를 통해 조상과 부모의 뜻을 기리어 가정이 잘 되기를 원하고, 하나님으로부터 가문이 복받는 방법을 찾습니다.

(2) 교인들이 더 위선적인 것 같습니다.

위선(僞善)이란, 선으로 위장한 것을 뜻합니다. 즉, 겉으로만 착한 체한다는 말입니다. 교인들은 선하게 살려고 하기 때문에 겉으로 볼 때에는 선한 사람처럼 보입니다. 그렇지만 내면까지 선한 사람은 그리 많지 않습니다. 선한 목표를 향해 가지만, 그렇게 되지 않는 경우가 많습니다. 그래서 끊임없이 자기를 돌아보고 변화하려고 노력합니다. 사실 이 세상에 위선적이지 않은 사람이 어디 있겠습니까?

예수님을 믿는다고 하루아침에 천사가 되지 않습니다. 점점 나아져 가는 과정에 있을 뿐입니다. 병원에는 건강하고 온전한 사람들이 아니라, 오히려 질병을 앓고 있는 사람들이 모여 있습니다. 연약한 사람들이 건강해지기 위해 찾아가는 곳이기 때문입니다. 교회도 어찌 보면 이와 같습니다. 더 나아지고 온전해지기 위한 사람들이 모여 있다 보니, 변화하는 과정에서 다른 사람에게 상처를 줄 수 있습니다.

한 은행에서 은행원 2명이 모의하여 고객의 돈을 빼돌리다가 발각되었습니다. 두 은행원 때문에 고객들은 불안해합니다. 그러나 그렇다고 은행을 신뢰하지 않거나 이용 자체를 거부하지는 않습니다. 잘못을 저지른 은행원 2명 때문에 그 은행이 돈을 빼돌리는 곳이 되는 것은 아니기 때문입니다.

때로는 교회에 악의적인 생각을 가지고 들어오거나, 교인인 척하며 사기 치는 사람도 있습니다. 그러나 소수의 사람으로 인해 전체를 의심해서는 안 됩니다. 사람이 아니라 '믿음의 주가 되시고, 우리를 온전케 하시는 예수 그리스도'만을 바라보며 그분의 표준을 따라 살아가야 합니다.

(3) 지금 말고 나중에 믿겠습니다.

어떤 부자가 있었습니다. 풍년을 맞은 부자는 많은 곡식을 쌓아두기 위해 현재의 곳간을 헐고 더 큰 곳간을 지어야겠다고 마음먹습니다. 그리고 앞으로는 평생 편히 쉬면서 즐기며 살겠다고 결심합니다. 그에게는 충분히 그럴 능력이 있었습니다. 그런데 그날 밤 하나님이 나타나셔서 이렇게 말씀하십니다. "이리석은 지야, 오늘 밤에 네 영혼을 도로 찾으면 네가 준비한 것이 누구 것이 되겠느냐?"(눅 12:16~21).

내일을 잘 준비하는 사람이 가장 행복한 인생을 사는 사람입니다. 내

일은, 바로 오늘 준비하는 것입니다. 그것은 물질적 성공, 인생의 즐길 거리를 준비하는 것이 아니라, 돌이켜 후회할 만한 일을 만들지 않는 것입니다.

어떤 사람이 차를 운전하고 가는데, 철길 위에서 엔진이 갑자기 멈췄습니다. 마침 기차가 철길 위를 달려오고 있었습니다. 그 사람은 자동차의 시동을 걸어서 자기 목숨과 함께 자동차를 구하든지, 아니면 자동차를 버려두고 몸만 피하여 자기 목숨이라도 구하든지 둘 중 한편을 택해야 합니다. 망설이고 있는 순간에도 기차는 점점 다가오고 있습니다. 당신은 어느 쪽을 택하시겠습니까?

내게 있어 자동차가 귀하지만, 내 목숨만큼 귀한 것은 아닙니다. 이 세상에서의 인생이 귀하지만, 죽음 이후에 선택될 천국과 지옥의 문제만큼은 아닙니다. 나중이 아니라, 지금 선택해야 합니다. 지나간 다음 후회해도 소용없습니다. 영원히 후회하지 않도록 예수 그리스도를 선택하십시오. 바로 지금입니다.

(4) 헌금 내는 것이 부담스러워 교회에 나가기 싫습니다.

혹여라도 헌금이 부담스럽다면, 헌금을 내지 않아도 됩니다. 그리고 헌금 부담이 없는 교회에 나가시면 됩니다.

원래 사람이 모인 곳엔 일정한 비용이 필요합니다. 한 단체를 운영하기 위해서는 회원들의 정기 회비나 후원금이 있어야 합니다. 교회는 비영리단체이기 때문에 영리사업을 통한 수익 구조를 갖고 있지 않으므로, 성도들이 내는 기부금 성격의 헌금으로 운영합니다.

하나님은 즐거운 마음으로 내는 사람의 헌금을 기쁘게 받으십니다. 그리고 드리는 만큼 돌려받을 것이라고 말씀합니다.

"이스라엘 자손에게 명령하여 내게 예물을 가져오라 하고 기쁜 마음으로 내는 자가 내게 바치는 모든 것을 너희는 받을지니라"(출 25:2).

"이것이 곧 적게 심는 자는 적게 거두고 많이 심는 자는 많이 거둔다 하는 말이로다 각각 그 마음에 정한 대로 할 것이요 인색함으로나 억지로 하지 말지니 하나님은 즐겨 내는 자를 사랑하시느니라"(고후 9:6~7).

4. 반대질문 워크숍

(1) 반대질문에 대한 실제 적용

반대질문을 받았다고 가정한 뒤, 2명씩 짝지어 워크숍을 해봅시다.

(2) 추가적 반대질문 생각해보기

앞에서 예시한 반대질문 외에 다른 질문을 생각해보고, 답변 내용을 함께 논의해봅시다.

5. 전도 클러스터 점검

지난주 전도 클러스터 실행 결과 및 평가

전도 클러스터 실행 중 애로 사항

조원들의 조언

이번 주 전도 클러스터 실행 계획 수립

■ 전도 클러스터를 실행해봅시다.

■ 아래 성경읽기표와 같이 말씀을 묵상하고, 확인란에 표시하십시오.

	월	화	수	목	금	토
본문	골 3:12~25	골 4:1~18	살후 1:1~12	살후 2:1~12	살후 2:13~3:5	살후 3:6~18
확인						

신자는 주님께로 오고
제자는 주님을 따라간다.

❧

반스 해브너

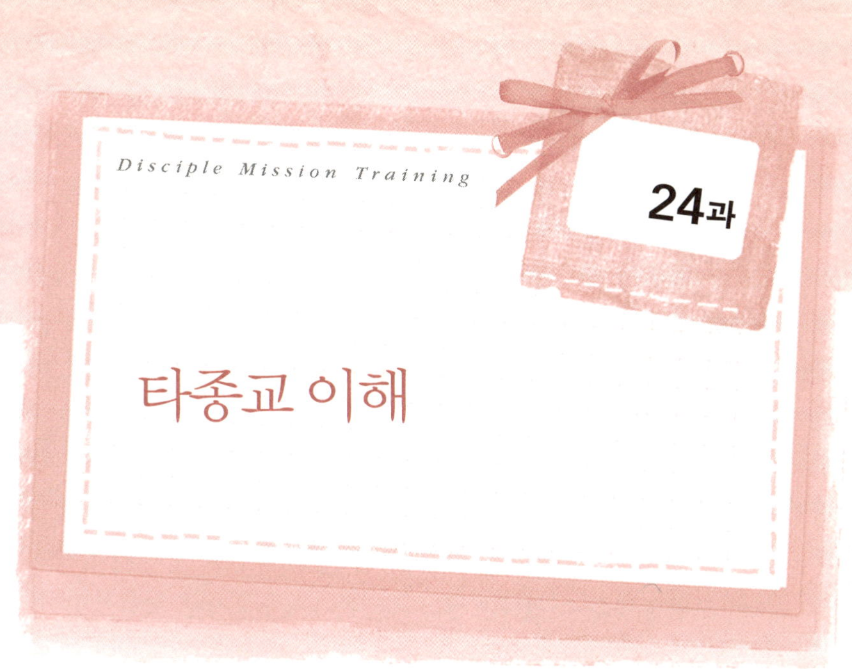

타종교 이해

성경 읽기

| 사도행전 4장 12절 |

다른 이로써는 구원을 받을 수 없나니 천하 사람 중에 구원을 받을 만한 다른 이름을 우리에게 주신 일이 없음이라 하였더라.

생각 나누기

• 지난 주간의 밀씀 묵상 내용을 서로 나누어봅시다.

• 기독교 외에 다른 종교를 알고 있거나 경험해본 적이 있습니까? 자신이 알고 있거나 경험한 부분에 대해 이야기해봅시다.

1. 종교의 기본 이해

우리가 살고 있는 사회에는 다양한 종교가 존재하고 있습니다. 각 종교는 저마다 다른 교리와 구원의 방법들을 제시합니다. 대부분의 종교가 인간의 노력으로 구원을 얻으려는 반면, 기독교는 신이 인간의 모든 문제를 대신 해결하고 구원한다고 말합니다. 기독교가 배타적이라는 평가를 받는 이유는 사도행전 4장 12절의 말씀 때문입니다. "다른 이로써는 구원을 받을 수 없나니 천하 사람 중에 구원을 받을 만한 다른 이름을 우리에게 주신 일이 없음이라 하였더라." 그러나 이 말씀 때문에 다른 종교를 무시하고 비하하는 태도를 가져서는 안 됩니다. 그들을 이해하고 품어주며 그들이 제대로 알지 못하는 점에 대해 사랑과 긍휼의 마음을 가져야 합니다. 이를 위해 타종교들에 대해서 기본적인 내용들을 숙지할 필요가 있습니다.

(1) 종교의 정의

1세기 철학자인 플루타르크는 "나는 정부를 조직하지 못한 백성과 도시와 법률을 가지지 않은 민족을 많이 보았으나, 신과 신당을 가지지 않은 백성이나 민족은 본 적이 없다"고 했습니다. 인간이 사회적 존재이면서 종교적 존재임을 여실히 드러내주는 말입니다.

종교는 한자로 '마루 종(宗)'과 '가르칠 교(教)' 두 자로 되어 있으며, 교육과 학문 가운데 최고의 위치, 즉 맨 위에 위치하고 있다는 뜻입니다. 또 기독교 학자인 락탄티우스에 의한 해석을 살펴보면, 영어로 'religion'은 're-ligare(다시 묶다)'라는 뜻입니다. 신과 인간관계에 초점을 두고 죄로 끊어진 관계를 재결합시킨다는 말입니다.

종교는 과학과 철학적 이상의 근원이 되는 최고의 가르침입니다. 이 것을 동양에서는 도(道)라고 합니다. 종교는 인간의 본성 그 자체입니다. 그러나 잘못 깨닫거나 실천할 때 그릇된 종교 현상이 나타나 여러 이단 종파가 생겨나게 됩니다. 참 종교는 절대자의 깨우침과 도우심으로 우리의 기대 이상의 결과에 도달할 수 있어야 합니다. 그러기에 참 종교는 개인의 종교이면서 사회의 종교이며, 전 인류의 종교여야 합니다. 또한 과거의 종교이며, 영원한 미래의 종교가 되어야 합니다.

(2) 종교의 기원

종교는 인류의 역사만큼이나 오래되었습니다. 어떤 종교가 어떻게 시작되었는가 하는 것은 매우 흥미로운 부분입니다. 어떤 사람은 모든 종교가 근본적으로 하나일 것이라 생각하였고, 어떤 사람은 종교를 심리학적으로 규명하여 공포와 욕망, 희망에서 유래되었다고도 했습니다.

① 공포설: 어떤 위험이 닥치면 누군가의 보호와 구원을 원하게 되는 것이 사람의 본능이며, 그것이 종교의 기원이 되었다는 것입니다. 그러나

공포는 종교의 원인은 될 수 있지만, 종교심의 시작은 되기 어렵습니다.

② 욕망설, 희망설: 신들은 인격화된 희망이며, '인간이 자기의 형상대로 하나님을 창조했다'고 주장합니다.

③ 상상설: 영국의 철학자 스펜서의 주장입니다. 꿈, 환상, 실신 중의 몽롱한 의식을 내세 또는 신의 활동으로 상상하는 데서 종교가 시작되었다는 것입니다.

④ 도덕의식설: 종교가 인간의 의지로 기원했다는 주장입니다. 칸트는 도덕과 종교를 동일시하였고, 도덕이 종교의 본질이 된다고 주장하였습니다. 참 종교의 바탕에는 도덕이 포함되지만 훨씬 더 많은 진리와 은혜와 평강이 있습니다.

⑤ 사회학설: 종교를 사회 현상의 산물이라고 보는 학설입니다. 희랍 신화에 보면 탁월한 지배자를 신성시하는 경향이 있는데, 종교는 공동체와 그 제도를 보호하려는 사회심리에서 비롯되었다는 것입니다.

(3) 종교의 분류

종교학자들은 문화적 발달 정도에 따라 종교를 원시종교와 문명종교, 또는 하등종교와 고등종교로 구분합니다. 그리고 신앙 대상의 성격에 따라 자연을 숭배하는 것과 인간을 숭배하는 것, 신을 숭배하는 것, 자연과 인간과 신 모두를 숭배하는 범신교 등으로 분류하기도 합니다. 또한 고행이나 명상을 통해 스스로 구원에 이를 수 있다는 자력종교(自力宗敎)와 계시를 통해 나타난 신의 능력으로 구원받을 수 있다는 타력종교(他力宗敎)로 구분해볼 수 있습니다. 기독교에서는 유일신을 믿는 기독교를 계시종교로, 그 외의 종교를 자연종교로 구별하기도 합니다.

1) 계통적 분류

계통적 분류는 막스 뮬러(Max Müller)에 의해 분류된 것으로, 종족이나 언어의 계통에 따라 나뉜 것입니다.

① 아리안계(인도, 게르마니아계)

- 동방 아리안계
- 서방 아리안계

② 셈계

③ 투라니안(Turanian)계

④ 아프리카계

⑤ 아메리카계

⑥ 대양주계

(2) 발달사적 분류

네덜란드의 코르넬리우스 틸레(Cornelius P. Tiele)는 인류가 진보함에 따라 종교도 진보하면서 진화한다고 주장하며, 발달사적 분류를 주장하였습니다. 진화론적인 관점에서 미개인의 종교에서 문화인의 종교로 발전되어간다고 본 것입니다.

① 자연종교

② 윤리종교

2. 세계 외래 종교

(1) 불교

1) 불교의 기원

불교는 고타마 싯타르타(B. C. 624~544)라는 역사적 인물에 의해 창건된 종교입니다. 우리가 흔히 부르는 석가모니라는 호칭은 '존귀한 자'라는 뜻으로서, 고타마를 일컫는 말입니다. 귀족 생활을 하던 석가모니는 인생의 허무와 불완전을 깨달아 출가하게 되고 29세의 나이에 입산하여 수도하다가 35세에 각자(覺者)에 이릅니다. 부처라는 말은 '깨달은 자'라는 뜻입니다. 석가모니는 부처가 되어 80세에 죽을 때까지 전도하여 불교를 세계 3대 종교의 하나로 만들었습니다.

2) 불교의 교리와 사상

① 사성제(四聖諦)

사성제의 가르침은 불교의 최종 목표인 '고(苦)에서의 해탈'을 위한 것입니다.

- 고성제(苦聖諦)
- 집성제(集聖諦)
- 멸성제(滅聖諦)
- 도성제(道聖諦)

② 윤회(輪回)

윤회란 끊임없이 돌고 도는 순환을 의미합니다. 사람은 순서에 따라 차례대로 태어나거나 죽지 않으며, 부처처럼 법을 깨우치고 더 이상 업(業)을 짓지 않을 때 이미 지은 업(業)이 모두 사라져서 윤회의 바퀴가 멈추게 됩니다.

③ 업(業)

중요한 업보(業報)라고도 하며 불교 교리에서 인과응보의 윤리로 받아들여지는 부분입니다.

3) 한국 불교의 특징

한국에 토착한 불교는 호국불교(護國佛敎)로 정의내릴 수 있습니다. 그것은 일제 강점기에 기독교인들이 구국운동에 앞장섰던 모습과 흡사합니다. 우리나라의 불교는 현실 사회에 많은 관심을 가지고 있었습니다. 그러나 불교가 점점 샤머니즘화 되어가면서 이전의 호국불교로서의 특징을 잃어버린 채, 본연의 모습이 상당 부분 변질되어가고 있습니다.

우리가 사용하는 언어 중에는 불교에서 온 용어가 굉장히 많습니다. 찰나, 야단법석, 무시로, 다반사, 강당, 아수라장, 투기, 관념 등의 용어가 그 예입니다. 그리고 장례 문화 가운데 하나인 '49재'는 사람이 죽으면 7일 간격으로 생을 받다가 7번째 확정된 생을 받아서 다시 태어난다고 하는 것에서 유래되었습니다. 49일째 되는 날 유가족들이, 고인이 좋은 생을 받아서 다시 태어나거나 극락세계로 가기를 비는 제사를 드리는 것을 '49재'라고 합니다.

(2) 유교

1) 유교의 기원

공자는 춘추전국시대 중엽인 B.C. 551년에 노나라에서 태어났습니다. 노나라의 말단 관리로 출발하여 노후에는 주나라 요순 왕의 도를 따라 난세를 헤쳐갈 것을 주장하였습니다. 그러나 왕후들의 '중국 천하 통일'의 야망 때문에 이 주장이 받아들여지지 않자 저술과 후학 양성에 힘쓰다가 일생을 마칩니다. 공자가 종교를 창시할 생각으로 제자들을 가르친 것은 아니지만 그의 도덕과 교훈은 오늘날까지 많은 가르침을 주고 있습니다.

2) 교리와 사상

① 사서(四書)

• 대학: 덕을 밝히고 백성을 새롭게 다스리며, 자기를 수양하고 가정과 나라를 다스리는 원리를 제시합니다. 소학(小學) 다음 과정의 상급 교과서입니다.

• 논어: 공자가 생전에 제자와의 대화를 문답식으로 기술한 책으로 정치, 도덕 관련 내용이 많고 공자의 철학이 담겨 있습니다. 모두 20권으로 구성되어 있습니다.

• 맹자: B.C. 300년 공자의 초기 가르침을 중심으로 그의 제자인 맹자가 체계적으로 집대성한 책입니다.

• 중용: 예(禮)에 포함된 것으로 교육이 왜 필요한지 교육의 본질을 정리해놓은 책입니다.

② 삼경(三經)

• 시경(時經): 중국 고대의 시집으로, 오늘날 가사가 남아 있는 시는 305편입니다.

• 서경(書經): 상서(尙書)라고 하며, 이 뜻은 상세(上世)의 글을 뜻합니다. 공자가 고대의 역사적 전설과 도덕적 교훈을 종합한 책입니다.

• 주역(周易): 우주의 만상(萬象)이 모두 변역(變易)하는데, 그 변역의 원리를 연구하는 학문을 주역이라고 합니다. 역(易)에는 태극(太極)이 있어 양(陽)과 음(陰)을 구분하여 연구합니다. 여기에서 나온 것이 사상(四象)과 팔괘(八卦)입니다.

3) 사상

유교의 중심 사상은 인(仁)입니다. 위로부터 덕치(德治)를 베풀어 만민이 평등하게 행복을 누리는 것을 목적으로 합니다. 유교는 성선설(性善說)에 바탕을 두고 있으며 내세(천국과 지옥)를 믿지 않습니다. 그렇기 때문에 죽음은 두려운 일이며 오래 사는 것이 복이라고 말합니다. 조상 숭배와 조상의 영혼을 모시는 일을 후손들이 할 수 있는 최고의 효라 생각합니다. 유교에서는 4대가 지나면 영혼이 소멸하는 것으로 보고 4대 조상에게까지만 제사를 지냅니다.

3) 교세 및 현황

2005년 통계청 발표를 보면 우리나라 전체 종교 인구 비율 53.1% 중에서 유교의 비중은 0.2%밖에 되지 않습니다. 한국에서의 유교가 다른 종교와 같이 성도나 교당을 가지진 않지만, 유교의 의식과 철학은 생활 구석구석에 스며들어 깊은 영향력을 발휘하고 있습니다. 전 인구의 70%가 조상 제사를 지내고 있는 것이 그 사실을 대변해줍니다.

(3) 이슬람교

1) 이슬람교(회교, 回敎)의 기원

마호메트는 570년 메카에서 태어났습니다. 어려서 부모를 여의고 백부 밑에서 성장한 그는 장사를 하며 여행을 많이 다닙니다. 유대교와 기독교의 종교생활을 접한 그는 이에 영향을 받아 종교를 창시하기에 이릅니다. 마호메트가 동굴에 은둔하다 40세 때 신비한 체험을 하고, 52세까지 계속 환상을 보며 계시를 받아 외운 것이 코란입니다. 62세에 세상을 떠날 때까지 15번 결혼하고 11명의 부인을 거느리기도 했습니다.

2) 교리와 사상

 ① 신앙의 교리 6가지

- 알라

- 천사

- 성서

- 예언자

- 최후의 심판과 부활

- 정명(定命)사상

② 신앙 수련의 5가지 방법

- 신앙고백

- 예배

- 자카트(종교세)

- 단식

- 순례

3) 이슬람 생활상의 특징

마호메트의 후계자를 칼리프라 하는데, 마호메트가 죽은 후 이슬람 세계에서 후계자 계승에 관해 분열이 일어나게 되었습니다. 이 분쟁으로 수니파, 시아파, 수피파 등으로 종파 분열이 일어났습니다. 이슬람교도는 돼지를 부정한 동물로 분류하여 먹지 않으며 비늘 없는 해산물인 게, 전복, 조개 등도 먹지 않습니다. 한편 일부다처제로 네 명의 아내를 두는 것까지 허락하며, 칼과 코란을 동시에 가진 이슬람은 폭력이 정당화

되고 영웅시 되는 문제점을 안고 있습니다.

4) 교세 및 현황

2006년 기준 세계 인구의 25%인 15억 명 정도가 이슬람교도이며 계속해서 세력이 확장되고 있습니다. 우리나라에는 1961년 문교부에 '한국 이슬람교 협회'라는 이름으로 등록되면서부터 공식적인 활동이 시작되었습니다. 외국인 이슬람 근로자의 증가로 인해 2008년 현재 신도 수 약 3만 4천여 명 정도로 추정되고 있고, 전국에 5개의 사원이 있습니다.

3. 한국 토속 종교

(1) 대순진리회

1) 대순진리회의 기원

1909년 증산이 사망하자 증산교가 사분오열하는 위기를 맞습니다. 강증산의 종통(宗統, 종교의 전통)을 이어받은 조철제가 1923년 무극태도교를 창시하고, 1958년 조철제 도주가 사망하자 박한경이 2대 도주가 됩니다. 그러나 조철제의 아들과 사이에 주도권을 놓고 불화가 생기고 교단 운영에 불만을 품은 이들이 많아지자, 1969년 지지자들을 이끌고 나와서 서울시 성동구 중곡동에 대순진리회를 창립하게 됩니다.

2) 교리와 사상

① 전경(典經)의 원리

• 상제(上帝): 시공간을 초월한 구천의 존재, 신앙의 대상입니다.

• 신명(新明): 홀로 계시는 상제와 격이 다른 독립 신을 말합니다.

• 광구(匡救): 대순진리회의 구원관으로, 온 누리의 구원과 만세 구원
을 말합니다.

• 해원상생(解冤相生): 전 세계의 평화와 전 인류의 화평이라는 우주자
연의 법리를 말합니다.

② 윤리관

상생의 윤리와 평등의 윤리를 가지고 있습니다. 인권 또한 평등하며 평
등적 민족 윤리를 주장합니다.

③ 내세관

사후보다 생전에 극락과 같은 곳에 살고 싶어 하는 현실 내세관을 가지
고 있습니다.

④ 구원관

부패하여 타락한 사회 현실을 바로 잡기 위해, 음양합덕(陰陽合德), 신

인조화(新人調和), 해원상생(解冤相生), 도통진경(道通眞境)에 입각하여 인간을 구조하고 개조하는 것입니다.

3) 교세 및 현황

교단 조직의 최고지도자를 도전(都典)이라 부르며, 그 아래 육영사업부, 수강원, 감사원, 종무원, 정원, 포정원이 있습니다. 2005년을 기준으로 신도들은 약 100만 명 이상이며, 회관 32개, 회실 125개, 포덕소는 1,352개가 있습니다. 최근에는 학술 연구 및 출판 사업을 통한 문서 포교에 힘쓰고 있으며 대진대학교에 학술원을 두어 연구에 열심을 내고 있습니다.

(2) 원불교

1) 원불교의 기원

전남 영광에서 출생한 교조 박중빈은 우주와 인생에 대한 회의를 품기 시작했습니다. 1916년 4월 깨달음을 얻은 그는 '만유(萬有)가 한 체성(體性)이며 만법(萬法)이 한 근원(根源)'이라는 말로 그 질서를 표현하고, 불생불멸(不生不滅), 인과응보(因果應報)의 진리를 천명하였습니다. 종래의 불교와는 다르게 자신의 진리를 반영한 교단을 설립하기로 결심하고, 1916년 새 교단을 설립하게 됩니다. 이 해를 원기(圓紀) 1년으로 삼습니다. 1943년 교주가 열반한 후 1947년 교명을 원불교로 개칭합니다.

2) 교리와 사상

원불교의 기본 경전은 소태산 대종사의 친저로 사상과 경륜이 담긴 '정전(正典)'과 소태산 대종사의 언행록인 '대종경(大宗經)'이 있다.

① 물질이 개벽되니 정신을 개벽하자.

② 처처불상 사사불공(處處佛像 事事佛供)

③ 무시선 무처선(無時禪 無處禪)

④ 동정일여(動靜一如)

⑤ 영육쌍전(靈肉雙全)

⑥ 불법시생활 생활시불법(佛法是生活 生活是佛法)

⑦ 이사병행(理事竝行)

3) 교세 및 현황

원불교는 전라북도 익산에 있는 중앙총부에서 교단을 총괄 운영하고 있으며, 지방에 교구와 교당을 두고 있습니다. 현 좌산 이광정 종법사

체제 하에 있는 원불교는 원광대학교 외 학교를 통한 인재 양성과 자선 사업, 의료 사업, 출판 사업과 각종 예술 활동을 통해 문화 창달을 도모합니다. 원불교는 1999년 현재 12개 교구와 430여 개의 교당을, 해외에는 13개국에 30여 개의 교당을 설립하여 교화 활동을 전개하고 있습니다.

Q.1 우리 사회에서 기독교 외에 타종교의 영향에 대해 이야기해봅시다.

4. 전도 클러스터 점검

지난주 전도 클러스터 실행 결과 및 평가

전도 클러스터 실행 중 애로 사항

조원들의 조언

이번 주 전도 클러스터 실행 계획 수립

■ 전도 클러스터를 실행해봅시다.

■ 아래 성경읽기표와 같이 말씀을 묵상하고, 확인란에 표시하십시오.

	월	화	수	목	금	토
본문	딤전 1:1~11	딤전 1:12~20	딤전 2:1~15	딤전 3:1~13	딤전 3:14~4:5	딤전 4:6~16
확인						

결코 잃어버릴 수 없는 것을 얻기 위해
지킬 수 없는 것을 버리는 것은
절대 어리석은 일이 아니다.

짐 엘리어트

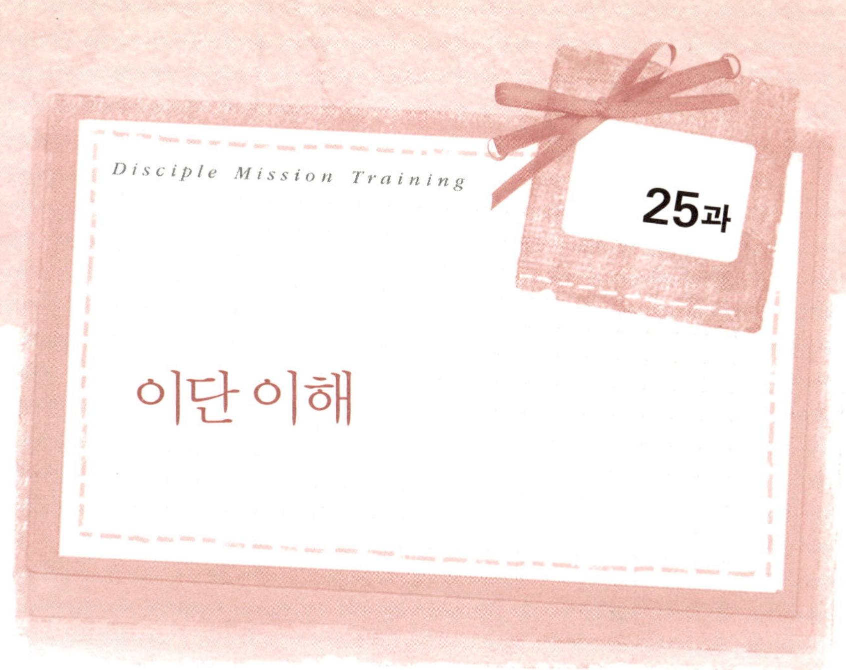

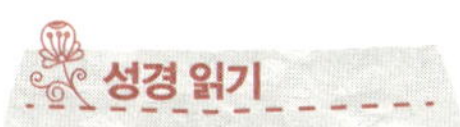

성경 읽기

| 디도서 3장 9~11절 |

그러나 어리석은 변론과 족보 이야기와 분쟁과 율법에 대한 다툼은 피하라 이것은 무익한 것이요 헛된 것이니라 이단에 속한 사람을 한두 번 훈계한 후에 멀리하라 이러한 사람은 네가 아는 바와 같이 부패하여 스스로 정죄한 자로서 죄를 짓느니라.

생각 나누기

• 지난 주간의 말씀 묵상 내용을 서로 나누어봅시다.

• 당신이 알고 있는 이단에는 어떤 것들이 있습니까?

• 주변에 이단에 빠진 사람이 있습니까? 어떤 이유로 이단에 빠지게 되었습니까?

1. 이단이란 무엇인가

(1) 이단(異端)은 □□□□□ 이라는 뜻입니다.

이단이란 말은 정통교회와 완전히 다른 것이라기보다는, 정통교회와 비슷하지만 다른 것입니다. 이단들의 겉모습은 정통 기독교인들과 다를 바가 없습니다. 같은 성경을 보고, 같은 하나님을 찾습니다. 같은 찬양을 하기도 하고 기도를 합니다. 우리와 똑같이 사도신경을 외고 구원을 이야기합니다. 그런데 끝은 완전히 다르다는 의미입니다. 이단들의 겉모습은 우리와 다를 바가 없습니다. 아니 오히려 더 예쁘고 매력적이고 멋있을 수 있습니다. 사단도 광명의 천사로 가장할 수 있다는 말씀을 마음에 새겨야 합니다.

(2) 성경에서는 이단을 이렇게 정의합니다.

"그러나 백성 가운데 또한 거짓 선지자들이 일어났었나니 이와 같이 너희 중에도 거짓 선생들이 있으리라 그들은 멸망하게 할 이단을 가만히 끌어들여 자기들을 사신 주를 부인하고 임박한 멸망을 스스로 취하는 자들이라"(벧후 2:1). 그들은 주님이신 그리스도를 부인합니다.

그러나 이단들이 '예수는 그리스도가 아니다'라고 하면서 그리스도를 원천적으로 부인하지는 않습니다. 말을 살짝 바꿉니다. 그래야 사람들이 속기 때문입니다. 다음과 같은 말을 주의하십시오. "예수님은 2천

넌 전의 메시아이고 지금은 시대가 바뀌었으니 하나님이 쓰시는 또 다른 사람을 만나야 한다." 이런 발언이 예수님을 부인하는 발언입니다.

(3) 한국기독교총연합회는 이단을 이렇게 정의했습니다.

"이단이란 본질적으로 교리적인 문제로서, 성경과 역사적 정통교회가 믿는 교리를 변질시키고 바꾼 '다른 복음'을 말합니다."

2. 왜 이단에 빠지는가

(1) 정통교회 교인을 향한 이단들의 포교와   때문입니다.

한 해에 몇 명에게 포교를 하겠다고 정해놓고 그 숫자를 채워야 하는 단체도 있습니다. 월요일부터 금요일까지 매일 오전 10시부터 4시까지 의무적으로 포교를 해야 하는 단체도 있습니다. 그들의 끊임없는 포교, 그것도 정통교회 명패가 붙은 교인들을 향한 집요한 포교가 끊이지 않고 있습니다.

정통교회 교인을 향한 포교 전략도 진화하고 있습니다. 주로 둘씩 짝지어 가가호호 포교하던 방식이 이단들의 포교법입니다. 그러나 요즘은 포교 방법이 아주 다양해졌습니다. 영안이 열린 사람 행세를 하면서

꿈풀이를 해준다든가, 기도 응답을 받았다며 과거를 알아맞히는 것처럼 접근해서 교인들을 미혹하는 경우도 있습니다. 길흉화복을 점치는 일을 '성령의 능력'으로 혼동하는 교인들은 여기에 쉽게 빠집니다. 특히 현실적·경제적 문제로 고민에 빠진 교인들은 이런 '점쟁이식 포교'를 주의해야 합니다.

(2) 이단에 대한 성도들의 　　　　　과 어긋난 호기심 때문입니다.

이단의 종류는 많아지고 있습니다. A이단이 있으면 이곳에서 빠져나온 또 다른 사람에 의해 금방 B라는 이단 단체가 파생됩니다. 정통교회 교인들이 한국에 어떤 이단이 있는지 제대로 알지 못하고 어떤 단체가 이단으로 규정됐는지 모르는 경우, 호기심 때문에 그들과 성경공부를 하다가 이단에 빠지게 됩니다. 이단에 대한 상식을 갖추고 과도한 호기심을 절제한다면 교인들이 이단에 빠지는 일은 현저히 줄어들 것입니다.

(3) 　　　　　이 없고 교회 생활에 만족하지 못하기 때문입니다.

구원의 확신, 바른 복음에 대한 확신은 매우 중요합니다. 내가 하나님의 자녀가 됐다는 확신은 이 세상을 더욱 당당하게 사는 힘이 됩니다. 뿐만 아니라 이단들의 공격을 능히 이겨낼 원동력이 됩니다. 이 확신이 없는 사람은 이단의 미혹의 손길이 뻗쳤을 때 지푸라기처럼 허물어지고 맙니다.

한국에서 제일 큰 교회를 손에 꼽을 때 이단도 포함시킨다면, 아마도

상당수의 이단 단체가 10대 교회에 들어갈 것입니다. 이단 단체 중에는
정통교회 부럽지 않게 거대한 몸집을 자랑하는 곳도 많습니다. 절대로
겉모습에 속지 말아야 합니다. 갈수록 이단들이 대형화 되면서 공개적
인 포교에 열을 내고 있습니다.

3. 이단을 어떻게 분별할 것인가

(1) 성경론

자기 종파의 교주가 집필한 서적을 '새진리'라고 주장하는 종파는 이단
입니다. 이들은 주로 자기 단체의 교주가 하나님으로부터 직접 계시를
받았다고 주장합니다. 특히 6천 년 동안 감춰져 있던 성경의 비밀이 교
주를 통해 이제 밝혀졌다고 가르칩니다.

(2) 신론

삼위일체 신학에 대한 잘못된 주장, 특히 성령을 인격이 아니라 '활동
력'이라고 한다든가, 성령을 인간으로 대체한다든가, 인간 교주를 하나
님이라고 주장하는 곳은 이단입니다.

(3) 기독론

그리스도의 성육신과 신성과 인성, 십자가 대속 및 부활을 믿지 않거나 전통적 기독교와 다른 주장을 하는 자들은 이단입니다. 예를 들어, 예수의 십자가 대속을 실패로 인식하거나 그리스도의 대속이 아닌 사람의 선행으로 구원받는다고 주장하는 곳은 이단입니다.

(4) 교회론

전통적 기독교 교회를 부인하거나 왜곡하는 자들은 이단입니다. 이들은 교회의 타락상을 극도로 비판하기 좋아합니다. 그렇게 주장하는 가장 큰 이유는 자신들에게만 복음이 있고, 다른 교회(정통교회)는 위선적인 종교 집단이라고 매도하기 위해서입니다. 정통교회를 극도로 비판하는 이단 단체에서 오래 신앙생활을 한 사람들은 그곳을 나와서도 좀처럼 정통교회로 돌아오지 못합니다. 설사 돌아오더라도 교회에 대한 선입견을 깨기가 매우 어렵습니다. 늘 '타락한 교회의 실상'에 대해 배워왔기 때문입니다. 그래서 이단을 떠나더라도 정통교회에 대한 반감과 선입견 때문에 교회 출석이 힘들어지고, 결국 또 다른 이단에 쉽게 빠지게 됩니다.

(5) 종말론

자신들의 예언에 따른 종말의 교리를 강요하며 사회적 불안과 위기감을 조성하고, 긴박한 재림 신앙, 시한부 종말 등을 주장하면 이단입니다.

(6) 그 밖의 내용

이외에도 예시할 수 있는 내용은 많습니다. 요즘은 성경을 비유와 짝으로 보고 해석해야 한다며 '비유풀이'를 하는 이단이 많습니다. 성경을 가르친다고 하면서 절대로 부모님, 특히 목사님께는 말하지 말라는 비밀 교육을 시키는 곳도 이단으로 보면 틀림없습니다. 복음은 부끄러운 게 아닌데 비밀 교육을 시키는 것 자체가 수상쩍지 않습니까? 시대별로 구원자가 다르다며 말세에는 예수님 외의 다른 구원자를 믿어야 한다고 가르치는 곳도 주의해야 합니다.

이단 신앙 판별 지침 10계명

1. 하나님의 삼위일체 되심, 곧 성부와 성자와 성령을 부분적 또는 전체적으로 부인한다.

2. 예수님을 하나님 또는 사람, '제3의 존재'로만 믿게 하거나 가르친다.

3. 기독교의 진리를 타종교의 가르침과 혼합시킨다.

4. 오직 '믿음'으로 구원을 얻을 수 있음에도 불구하고 '선행, 물질, 특별한 의식'을 구원의 조건으로 내세운다.

5. 자신의 교파나 교회에만 구원이 있다고 주장한다.

6. 신·구약성경 66권 외에 다른 것을 성경과 동등한 교리서로 삼는다.

7. 성경에 없는 것을 억지로 수상하거나 성경의 한 부분만을 절대화하는 것과 기적을 전적으로 부인하거나 기적만을 강조한다.

8. 교주나 지도자가 마치 하나님처럼 행세하거나 신격화 된다.

9. 예수 그리스도의 재림을 시한부로 예언하고 그것을 정당화한다.

10. 교회를 부인하거나 사도신경을 신앙의 근거로 삼지 않으며, 정치 경제 사상 운동을 최고 목적으로 삼는다.

_ 남가주 기독교교회협의회 제공

4. 전도 클러스터 점검

<table>
<tr><td>지난주 전도 클러스터 실행 결과 및 평가</td></tr>
<tr><td></td></tr>
<tr><td>전도 클러스터 실행 중 애로 사항</td></tr>
<tr><td></td></tr>
</table>

한 주간 실천하기

■ 이단 연구에 관한 도서를 찾아서 읽어봅시다.

■ 부록의 〈수료 소감문〉을 작성합시다.

■ 전도 클러스터를 실행해봅시다.

■ 아래 성경읽기표와 같이 말씀을 묵상하고, 확인란에 표시하십시오.

	월	화	수	목	금	토
본문	딤전 5:1~16	딤전 5:17~25	딤전 6:1~10	딤전 6:11~21	딤후 1:1~9	딤후 1:10~18
확인						

죽어가는 영혼을 구할 수만 있다면
어디를 가든, 어떻게 살든,
무엇을 참아내야 하든 상관없다.
꿈속에서도 그들을 생각하고
깨어 있을 때도 가장 먼저 그들을 떠올린다.

데이비드 브레이너드

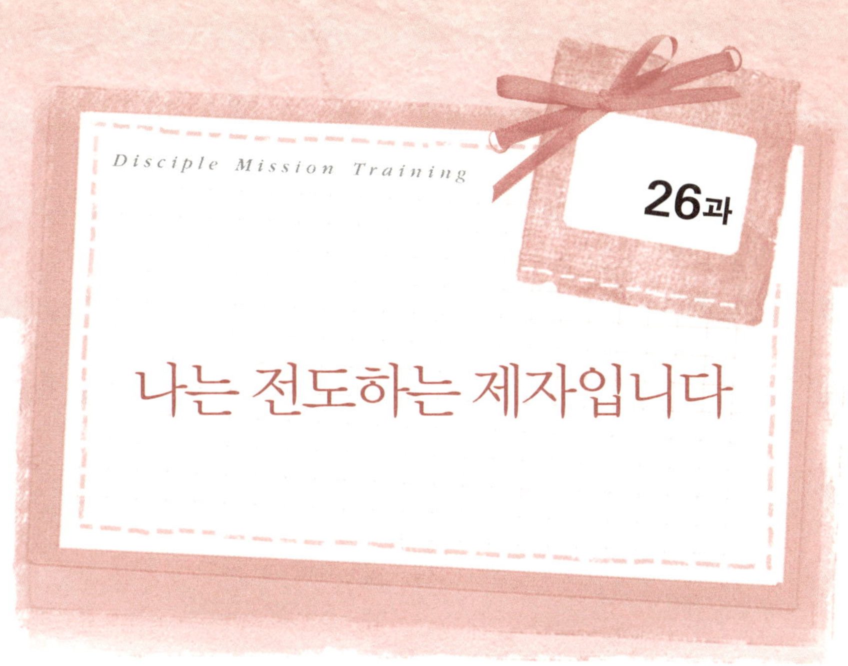

나는 전도하는 제자입니다

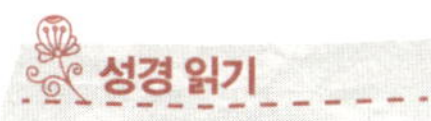

성경 읽기

| 사도행전 1장 8절 |

오직 성령이 너희에게 임하시면 너희가 권능을 받고 예루살렘과 온 유대와 사마리아와 땅 끝까지 이르러 내 증인이 되리라 하시니라.

생각 나누기

• 지난 주간의 말씀 묵상 내용을 서로 나누어봅시다.

• DMT코스를 경험하면서 재미있었거나 기억에 남는 에피소드를 나누어봅시다.

• DMT코스를 경험하면서 배운 점과 달라진 자신의 모습을 나누어봅시다.

1. DMT코스 내용 총정리

(1) 제자 입문 과정

제목	내용 요약
누가 제자인가	
제자가 되려면	
제자는 어떤 삶을 사는가	
하나님의 마음을 아십니까	

하나님의 눈으로
새롭게 봅시다

혼자가 아니라
함께하십시오

고정관념을 넘어서

당신에게 맞추겠습니다

(2) 전도 실천 과정

제목	내용 요약
말씀 묵상과 영적 성숙	
아웃리치의 비전	
아웃리치의 영적 전쟁과 중보기도	
은사 발견과 적용1 : 개요 및 열정	

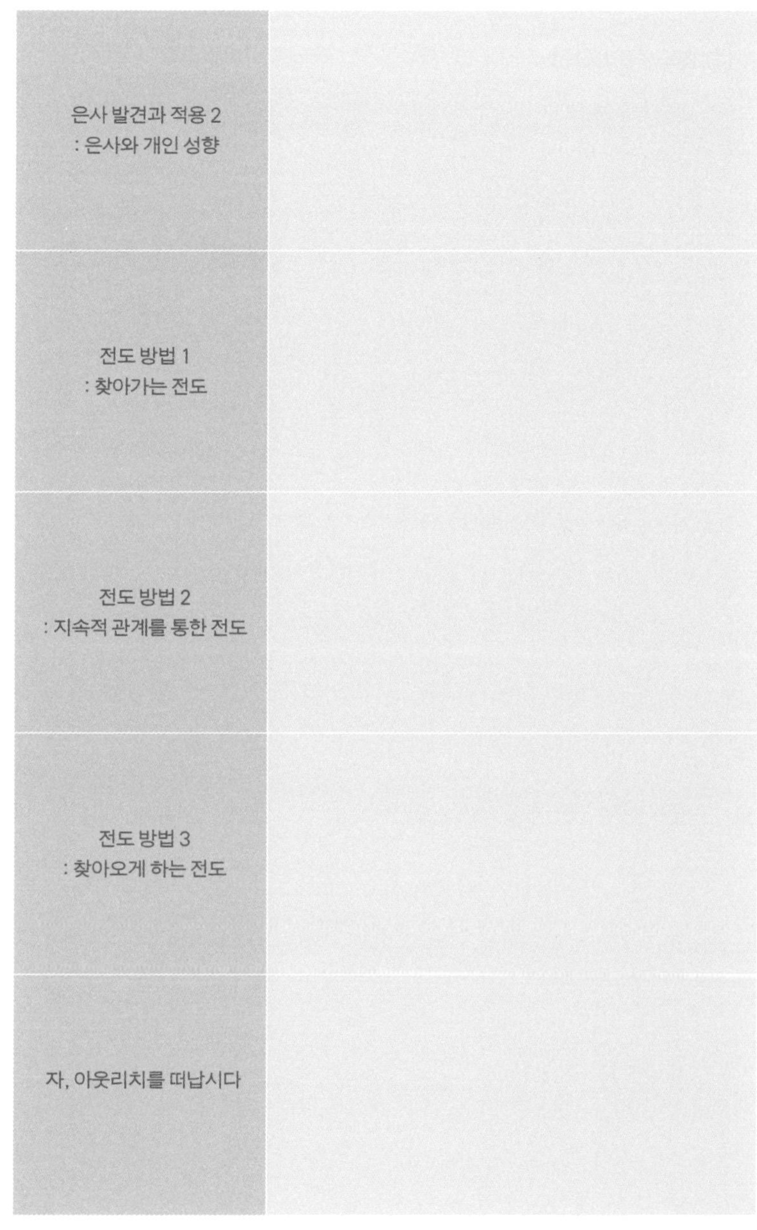

은사 발견과 적용 2
: 은사와 개인 성향

전도 방법 1
: 찾아가는 전도

전도 방법 2
: 지속적 관계를 통한 전도

전도 방법 3
: 찾아오게 하는 전도

자, 아웃리치를 떠납시다

(3) 전도 심화 과정

제목	내용 요약
아웃리치 전도 보고	
전도 클러스터의 비전	
전도 클러스터의 구성	
전도의 전략과 실제	

전도의 다양한 방법론

기독교에 대한
반대질문 대처법

타종교 이해

이단 이해

2. DMT코스의 비전

(1) 예수님의 전도제자로 변화된 삶을 기대합니다.

DMT코스는 훈련생 각자가 예수님의 제자가 되어 전도하는 제자로서의 삶을 살아갈 것을 기대하는 과정입니다. 개인의 생각을 변화시키고, 행동을 변화시키며, 믿음의 습관을 통해 전도의 열매를 맺도록 합니다.

> **Q.1** 당신은 현재 예수님의 전도제자로 어떻게 변화되었고, 앞으로 어떻게 더 변화될 것을 기대하십니까?

(2) 개인을 넘어서 공동체 전체가 전도 공동체가 되며, 모두가 함께하는 전도 시스템 구축을 기대합니다.

하나님은 몇 명의 전도왕을 원하시지 않습니다. 그리스도인이라면 모두가 전도자가 될 것을 원하십니다. 소수의 제자들을 훈련하시며 예수님은 그들을 통해 수많은 제자들이 파생되어 확산될 것을 기대하십니다. DMT코스를 통해 교회가 전도 공동체가 되고, 여러 명의 전도 협력자와 함께 이루어지는 전도 시스템이 구축될 것입니다.

(3) 하나님 나라 건설과 온 인류의 구원, 땅끝까지의 비전을 이루는 데 초석이 될 것을 기대합니다.

제자의 눈은 늘 땅끝까지 향해야 합니다. 이 땅에 발 딛고 살아도, 늘 눈은 하늘을 향해야 합니다. DMT코스를 통해 하나님 나라를 확장하는 데 많은 분들이 헌신할 것을 기대합니다. 하나님 나라와 땅끝의 비전을 이루어가는 초석이 될 것입니다.

3. 전도 클러스터 사역자 파송

(1) 나는   입니다.

성경에서 증거 하는 주님의 제자 중 평신도를 대표하는 사람을 꼽자면 '바나바'를 떠올릴 수 있습니다. 바나바는 초대 예루살렘 교회의 한 성도였을 뿐이지만(행 4:36), 그의 사역을 통해 예루살렘 교회는 평안하고, 부흥되었을 뿐만 아니라 하나님의 귀한 일들이 이루어졌습니다.

　이제 DMT코스를 마치고 그리스도의 제자로서 훈련된 당신의 헌신과 사역을 통하여, 〈사도행전〉에 나오는 귀한 일들이 우리 교회 안에서도 지속적으로 일어날 것을 확신합니다.

(2) 나는   입니다.

예수님의 제자들이 세상에 나가 복음을 전했을 때, 폭발적인 결과가 나타났습니다. 베드로의 설교에 3천 명의 사람들이 세례를 받고 주님께로 돌아왔으며(행 2:41), 병든 사람과 귀신들린 사람들이 나음을 입었고(행 5:16), 믿는 무리가 많아졌습니다. 제자들로 인해 날마다 사람들이 "예수는 그리스도라고 가르치기와 전도하기"를 쉬지 않았습니다(행 5:42). 예수님의 제자가 있는 곳에는 이런 성령의 역사가 나타납니다. 세상을 향해 좋은 소식을 전하는 아름다운 발걸음이 되십시오(롬 10:15). 예수님의 제자들처럼 평생을 복음 전하는 전도자의 삶을 살아가길 바랍니다.

(3) 나는   입니다.

전도 클러스터는 하나의 기능적인 전도 기술이 아닙니다. 하나님의 마음을 품고 어디에서든 누구와도 전도의 비전과 전략, 방법들을 나누며 전도의 과정을 이끄는 틀입니다. 이제부터 당신은 단편적이고 개인중심적인 전도에서 벗어나 입체적이고 통합적인 전도로 자기 자신과 전도의 협력자들을 이끄는 전도 리더의 역할을 감당하게 됩니다. 전도 클러스터 사역자로 사십시오. 당신으로 인해 전도의 DNA가 확대되길 주님은 기대하십니다. 어디서든, 어떤 상황에서든 당신만 있으면 불가능했던 전도가 가능해지고, 소극적인 사람들이 적극적으로 바뀌는 변화가 일어날 것입니다.

4. 제자 헌신 서약

이제 우리는 예수님의 전도제자로 세상에 파송됩니다. 파송받은 제자로서 우리의 헌신을 다음과 같이 약속합시다.

DMT 제자 헌신 서약서

나는 DMT코스 수료자로서 내 생명과 삶이 하나님 안에 있음을 고백합니다. 하나님께서 내게 주신 삶 전부에서 하나님의 나라가 나타나기를 소원하며, 다음과 같이 헌신할 것을 하나님과 예수님의 제자 된 여러분 앞에서 엄숙히 서약합니다.

나   는

(DMT 훈련 사역 가운데에서)

사역을 섬길 것이며,

(제자로서의 결심과 전도자로서의 목표)

나의 남은 인생을 살겠습니다.

20   년   월   일   (서명)

■ 아래 성경읽기표와 같이 말씀을 묵상하고, 확인란에 표시하십시오.

	월	화	수	목	금	토
본문	딤후 2:1~13	딤후 2:14~26	딤후 3:1~9	딤후 3:10~17	딤후 4:1~8	딤후 4:9~22
확인						

클러스터링 전도란 무엇인가

1. 클러스터와 전도

'클러스터(Cluster)'는 사전적으로 '무리, 집단, 송이를 이루다, 밀집하다' 등의 의미를 가지고 있다. 클러스터는 각 개체가 결합하고, 밀집하여 군생하는 것으로, 여러 개가 모여서 하나의 구성체를 형성하는 것을 뜻한다. 이것은 컴퓨터에서 효과적이고 원활한 네트워킹의 실현을 위한 개념으로 사용되고 있다. 클러스터링 방식은 한 가지 목적을 수행하기 위해 역할을 배분하고, 역할 수행을 종합하여 목적을 완수한다.

이러한 방식을 전도에 적용시켜 개개인이 가지고 있는 은사 또는 달란트에 따라 전도에 관한 역할을 배분하고, 이를 효과적으로 종합하여 전도 사역을 전략적으로 운영하는 것이 클러스터링 전도이다.

2. 클러스터의 의미와 발전

1) 산업 분야의 클러스터링

IT 산업의 초창기 각 기업은 단독으로 제품을 연구하고, 생산하고, 마케팅했다. 그러다가 혼자서 연구, 생산, 마케팅을 감당하는 데에는 많은 에너지 사용과 경제적 손실이 따른다는 것을 깨달았다. 그래서 전문성도 살리고, 손실도 막기 위해 한 곳에 모여서 협력 체제를 구축하기 시작했다. 서로 부족하거나 모자라는 것을 보완해주고 문제를 해결해주어 힘을 실어주게 된 것이다.

대표적인 클러스터 지역인 실리콘밸리에는 IT 산업을 위해 대학, 연구소, 대기업, 벤처기업 및 전문 서비스 공급자들이 모이기 시작했고 서로 유기적으로 협력함으로써 지금은 세계 최고의 IT 산업 클러스터 지역으로 성장했다.

일정 지역에 기업이나 회사들이 클러스터를 형성했다고 해서 협력이 바로 이루어지는 것이 아니다. 클러스터를 구성하는 다양한 주체들이 서로 정보와 인력을 교류해야 한다. 조직이나 문화나 방법 등이 유사성을 지니고 있고, 의사소통과 협력이 원활하게 이루어질 수 있어야 한다.

2) 클러스터를 발전시킨 모습들

실리콘밸리의 벤처정신과 기업가문화(Entrepreneurship)나 도요타와 협력 기업들 사이에 공유된 '도요타 생산 방식'이 그 예라 할 수 있다. 도요타 클러스터는 도요타 자동차 회사가 만든 것이다. 이 회사는 원래 일본 열도의 중앙 부근에 위치하고 있는 아이치 현 고로모 시에 있었다. 1959년에 회사가 도요타 클러스터를 형성하면서 노시 이름을 도요타 시로 바꿨다. 여기에는 본사와 7개의 조립 공장이 밀집해 있었고, 아이치 현 인접 지역에는 5개의 조립 공장, 그리고 연구 개발을 담당하는 도요타 중앙연구소가 자리 잡았고, 1981년에는 인접한 나고야에 도요타 공업대학까지 설립하게 되었다. 그 결과, 1990년대 초부터 시작된 일본 경제의 장기 불황에도 불구하고 도요타 클러스터는 높은 성장세

를 유지하게 되었다. 도요타는 생산, 연구개발, 부품 업체가 처음부터 서로 모여 마른 수건도 '함께' 짤 수 있었다. 이러한 운동을 전개할 수 있었던 것은 여러 전문 업체와 연구소가 자본 및 인적 교류를 바탕으로 강력한 네트워크를 구축하고 있었기 때문이다.

다른 예로 1930년대 초 스탠퍼드 공대의 터먼(Terman) 교수가 우수한 졸업생들의 타 지역 유출을 막기 위해 창업을 시작한 실리콘밸리를 들 수 있다. 대표적인 사람이 휴렛과 패커드이다. 그들은 1939년에 HP라는 이름으로 벤처기업을 세워서 성공한 사례이다. 그리고 이탈리아 브렌타의 구두 클러스터가 1976년에는 'The Brenta Master Shoemakers' 컨소시엄을 설립하여 생산과 경쟁력을 높였다.

우리나라는 1990년대 들어 클러스터의 필요성이 대두되기 시작했다. 정부는 특히 국내 대표적인 과학기술 집적지인 대덕연구단지를 혁신주도형 경제의 핵심 거점으로 육성하기 위해 '대덕 연구개발 특구법'을 마련하기도 하였다. 아울러 혁신 클러스터로 전환하기 위해서 창원(기계), 구미(디지털전자), 울산(자동차), 반월·시화(부품소재), 광주(광산업), 원주(의료기기) 등 7개 시범단지를 선정하기도 하였다.

3. 클러스터링 전도의 의미

클러스터링 전도는 효과적으로 전도하기 위해서 전도에 필요한 클러스터를 운영하는 것이다. 전도 대상자에게 보다 효과적으로 전도하기 위해서 팀을 구성하고, 각 개인에게 역할을 배분하는 것이다. 클러스터링 전도를 효과적으로 수행하기 위해서 다음과 같이 목표를 정할 수 있다.

- 전도 대상자의 상황과 특성, 문제점 등을 파악한다.
- 효과적인 전도를 위한 아이디어와 필요 사항을 점검한다.
- 다양한 전도 목표와 방법을 유기적으로 기획한다.
- 이를 위해서 달란트를 지닌 인력 요소를 결정한다.

4. 클러스터링 전도의 필요성

지금까지 우리는 다양한 전도 방법을 통하여 현장에서 전도해 왔다. 하지만 시간과 열정을 들인 만큼 많은 열매를 거두지 못해 낙심하거나 의욕을 잃는 경우가 많았다.

왜 전도가 되지 않는가? 그물을 던져도 고기를 잡지 못하는가? 자신만의 노하우와 모든 장비를 가지고 그물을 내렸으나 아무것도 얻지 못해 낙심하고 있는 베드로를 통해 우리의 모습을 발견할 수 있다.

"선생님, 우리가 밤새도록 애를 썼으나, 아무것도 잡지 못했습니다."(눅 5:5)

예수님은, 밤새 그물질을 하고도 물고기를 잡지 못해 좌절해 있는 시몬 베드로를 향해서 말씀하신다.

"깊은 데로 가서 그물을 내려 고기를 잡아라."(눅 5:4)

예수님은 시몬 베드로가 전혀 생각지 못했던 '깊은 데'로 가서 그물을 내리라고 명령하신다. 순종하여 그물을 던진 베드로는 전혀 기대하지 못했던 엄청난 수의 물고기를 잡게 된다. 혼자 감당이 되지 않을 정도여서 주변 동료들의 도움을 받는다.

'깊은 곳'에 그물을 던지라는 목자 되신 예수님의 지시와 베드로의 순종, 주변에 있는 사람들의 협력 등 개개인의 역할 수행이 종합될 때, 이와 같은 놀라운 결과가 이루어진다. 하나님 나라의 어부로서 영혼을 낚으려는 목적을 수행하기 위해서는, 우리 또한 이와 같은 방식으로 전도할 수 있어야 한다.

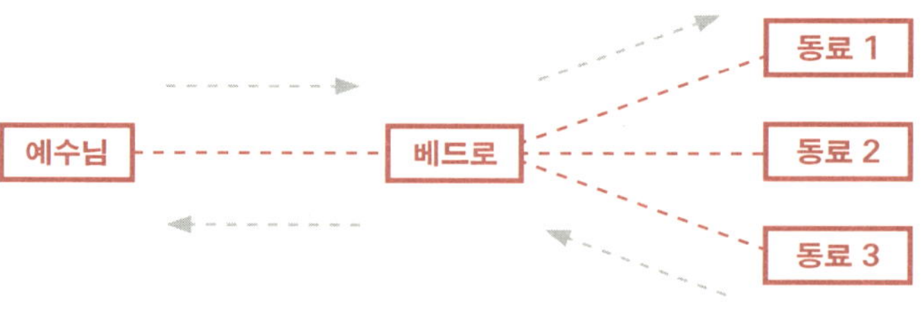

누가복음 5장의 도식화

5. 클러스터링 전도의 시작과 전도자의 이해

예수님께서는 게네사렛 호숫가에 오시자마자 베드로를 향해 "깊은 데로 나아가, 그물을 내려 고기를 잡아라" 하고 말씀하지 않으셨다. 그분은 "고기를 잡으라"고 하시기 전에 먼저 '하나님 나라에 대한 복음'을 증거하셨다.

예수님은 배에 앉으시어 무리를 가르치셨다. 말씀을 마치시고, 베드로에게 말씀하셨다(눅 5:3~4). 호숫가에서 하나님 나라에 관한 복음을 증거 하시는 예수님의 말씀을 들은 후에 베드로는 예수님의 명령에 순종할 수 있었다. 먼저 하나님의 말씀을 듣지 않았다면, 아마도 베드로는 자신의 노하우를 앞세워 깊은 데로 가서 그물을 던지라는 예수님의 명령에 순종하지 않았을 것이다.

클러스터링 전도를 행하는 전도자는 먼저 말씀으로 무장된 사람이어야 한다. 마음속에 하나님 나라에 대한 소망이 가득 차 있어야 한다. '전도하러 갑시다'란 구호에 의무감으로 반응하는 비자발적 자세로는 클러스터링 전도을 수행할 수 없다.

클러스터링 전도를 수행하기 위해서는 말씀을 통해 가슴속에 전도의 열정이 넘치는, 자발적이고 열정적인 전도자가 되어야 한다. 주체적인 전도자로 세워진 사람만이 클러스터링 전도를 수행해갈 수 있다.

> **클러스터링 전도법의 전도자**
>
> 1. 말씀으로 무장된 자
> 2. 전도에 자발적인 자
> 3. 전도를 주체적으로 수행할 수 있는 자

6. 클러스터링 전도의 공간과 시간

클러스터링 전도는 언제, 어디에서 시행해야 하는가? 일반적으로 사람들은 임의로 전도지를 선택하고, 본인이 전도할 만한 곳을 물색해서 나아간다. 마음으로 특정 지역을 염두에 두거나 그곳을 향해 전도의 열정을 품는다. 하지만 예수님이 베드로를 부르실 때 사용한 방법은 우리의 생각과는 전혀 다른 것이었다.

베드로는 게네사렛 호숫가, 곧 갈릴리 바다에서 고기를 잡는 어부였다. 그는 게네사렛 호숫가에서 잔뼈가 굵은 어부답게 물고기가 잡히는 곳(공간)과 때(시간)를 매우 잘 알고 있었다. 그렇지만 자신이 생각하는 시간과 장소에 맞추어 밤새도록 그물질을 하였는데도 허탕을 치고 말았다. 굳게 믿고 있던 노하우가 여지없이 무너지고 만 것이다.

이처럼 성도들도 자신이 전도할 수 있다고 생각한 곳에서 자신이 생각한 방법을 가지고 전도를 시도한다. 그러다가 종종 베드로처럼 '아무것도 잡지 못함'을 경험하고 좌절에 빠진다.

예수님은 갈등과 좌절에 빠져서 그물을 씻고 있는 베드로에게 깊은 곳으로 나아가라고 말씀하셨다. 그렇다면 '깊은 곳'은 어디인가? 그곳은 베드로가 생각하지 않았던 공간이며, 그동안 그물질을 하지 않았던 곳이다. 그물을 던지라는 시간은 물고기를 잡는 시간도 아니었다.

그럼에도 불구하고 시몬 베드로가 예수님의 명령에 순종했을 때 나타난 결과는 어떠한가? 사람을 낚는 전도는 우리의 여건에 맞는 공간과 시간을 선택해서 하는 것이 아니다.

예수님은 '어느 곳에서 전도를 해야 하는지(전도를 위한 공간)',

'언제 전도를 해야 하는지(전도의 시간)'에 대한 물음에 우리 스스로가 대답하고 확정하기를 원하지 않으신다. 하나님이 정하신 시간과 장소에 맞춰 움직이기를 원하신다.

전도를 위한 시공간은 우리의 기존 생각을 뛰어넘는 것일 수 있다. 국가, 지역, 인종 등의 영역을 자유롭게 넘나드는 시대, 디지털 네트워크를 통해 자유롭게 지구 반대편에 있는 이와 대화할 수 있는 시대에 사는 우리에게 전도의 시공간은 '무한 지대'인 것이다.

7. 클러스터링 전도의 전제

클러스터링 전도 개념은 이미 우리 안에 내재되어 있다. 우리는 개인별로 노방전도나 축호전도를 해보았고, 사람들과 만나 일대일 관계를 맺어보기도 했으며, 교회를 알리기 위해 예쁜 전도지를 만들거나 교회 행사에 사람들을 초청하는 등 여러 전도 방법을 사용해왔다. 우리 안에 많은 전도 방법이 군집(cluster)해 있었던 것이다.

"클러스터링 전도는 우리 개개인의 개별적인 전도에 머무르지 않는다. 우리 안에 내재되어 있는 다양한 전도 방법을 활용하여 전략적 팀을 구성하고, 여러 사람과 함께 조직적으로 그물을 던지는 것이다."

이러한 클러스터링 전도를 위해서는 한 가지 전제가 있어야 한다. 그것은 전도 클러스터를 구성하는 주체들의 동시적인 동역 체계이다. 지도자나 팀장의 일방적인 지시를 수행하는 것이 아니

라 협력자와의 유기적이고 동시적인 동역 체계를 구축하여 진행
해가야 한다. 클러스터링 전도는 예수님과 리더와 협력자들이 함
께 이루어가는 것이다.

8. 클러스터링 전도법

클러스터링 전도법은 특정 공간에 대한 전략을 구성해서 함께
그물을 던지는 것과 같다. 즉, 개인별 특성에 맞게 역할을 나누어
여러 가지 전도 방법들을 실행해가는 것이다. 팀을 이루어 팀원
간에 유기적으로 협력할 때 다양한 전도 방법을 동시에 행할 수
있다. 이러한 클러스터링 전도법은 한 명의 리더와 여러 명의 동
료 전도자(전도 협력자)가 팀을 형성하여 함께 진행한다. 어떤 방
법을 선택할 것인가, 어떤 그물을 던질 것인가, 어떻게 끌어올릴
것인가 하는 전략에 대해 서로 나누고 토론하여 진행해야 한다.

1) 은사와 달란트로 협력하라

하나님께서는 성도들에게 여러 가지 은사를 허락하셨을 뿐만
아니라 다양한 달란트를 부여해주셨다. 클러스터링 전도는 성도
들을 전도자로 변모시키며, 성도들의 은사와 달란트를 최대로 활
용할 수 있게 한다.

이것은 누가복음 5장에서 시몬 베드로가 엄청난 수의 물고기
를 낚는 과정에서도 확인할 수 있었다. 예를 들면, 그물을 던지는
사람, 그물을 끌어올리는 사람, 물고기를 떼내는 사람, 물고기를
분류하는 사람, 물고기를 운반하는 사람 등이다.

축호전도와 같은 기존의 전도는 한 사람이 모든 것을 처리해야 하는 방법이었다. 그러나 한 사람이 자신의 강점을 최대한 활용하여 전도하고, 여러 사람의 다양한 도움을 받는다면 그는 훌륭한 전도자가 될 수 있다.

말씀으로 무장한다는 것은 곧 예수님과 함께 나아감을 의미한다. 베드로에게 그물이 없었던 것도 아니며, 특별히 다른 그물을 준비한 것도 아니었다. 단지 달라진 것은 예수님과 함께 나아갔다는 것이다. 그래서 그분과 함께 거두고, 함께 기뻐할 수 있었다. 클러스터링 전도에는 예수님과 나, 그리고 동역자들의 '동시적 체계(Co-work system)'가 필요하다.

2) 전도 클러스터의 조직

전도 클러스터는 특별한 기술과 자원을 요구하지 않는다. 개인의 달란트를 잘 활용하여 팀을 형성하고 팀과 팀의 효과적인 네트워킹을 통해 전략적으로 전도 대상을 향해 나아가게 한다. 그리고 반드시 상황에 따라 변화할 수 있는 융통성을 가지고 있어야 한다. 여러 전도 방법을 유기적으로 결합하여 능동적으로 대처할 수 있다면 빈틈없이 전도 대상을 향해 전진할 수 있다.

전도 클러스터를 운영하는 지도자는 종합적인 상황을 고려하여 개인에게 역할을 배분하고 역할에 맞는 팀을 이루도록 하며, 영적 지도자와 팀과 팀의 유기적 협력에 의하여 다양한 전도 방법을 동시에 실행할 수 있도록 한다.

9. 클러스터링 전도의 재구성

클러스터링 전도는 늘 최적의 방법을 강구하고 선택해야 한다. 그런 자세로 전도를 실행해나갈 때 현장의 상황에 효과적으로 대응할 수 있다. 가장 적합한 그물(가장 적합한 방법)을 찾아 상황에 맞게 전도를 실행하도록 한다. 클러스터링 전도는 언제나 '재구성'의 유연성을 가지고 진행되어야 한다.

10. 클러스터링 전도 총정리

- 무작정 전도하는 것이 아니라, 전도의 전략을 가지고 전도하게 한다.
- 개인의 능력과 환경에 따라 이루어지는 개인 전도를 넘어, 혼자서 할 수 없었던 전도를 실행하게 한다.
- 자신의 장점과 달란트를 더욱 개발하고 최대한 활용할 수 있도록 한다.
- 전도 협력자와 팀을 구성하여 상호 협력 시스템으로 전도하게 한다.
- 비자발적인 전도자를 자발적인 전도자가 되게 한다.
- 전도 리더를 재생산한다.
- 기존에 자신이 생각하던 것보다 전도의 범위가 확장된다.
- 전도에 자신감이 붙고 전도가 생활화된다.

바울 서신 묵상 노트

일시	년　월　일

오늘의 말씀

성경 내용 요약

느낀 점

오늘의 실천

훈련 수료 소감문

이름: 조 이름:

- 훈련에 임하기 전의 나의 모습(마음가짐 및 삶의 상황)

- 훈련을 통해 배운 점(깨달은 점)

- 훈련을 통해 변화된 모습과 받은 축복

- 지금의 결심 또는 향후 계획